現代社会と協同組合に関する12章

北出 俊昭

筑波書房

はしがき

現在、わが国の農協・協同組合をめぐり二つの特徴が指摘できる。その一つは国内・国際的にみて協同組合の果たす役割が重要になっていることである。国内的には経済的・社会的格差の拡大・固定化をはじめ多様な矛盾が顕在化し、民主主義に悖る国政運営とともに国民の間には批判が強く改革運動も強まっているが、発生の歴史と理念からみて協同組合にはその一翼としての取り組み強化が求められている。また国際的にはユネスコの無形文化遺産登録など協同組合に対する評価が高まり、運動も広がっているのが最近の重要な世界的動向である。

いま一つの特徴はそれにもかかわらず日本政府は組織再編による農協・協同組合の解体にも通ずる政策を強化し、協同組合関係者はもとより、国民からも強い批判を受けていることである。この政策の特徴は農協・協同組合の企業論理による組織・運営の強化ということができるが、これは食料・農業政策にも通ずる最近における政府の政策の重要な特徴で、国民の懸念と不安も強まっているのである。

したがってわが国の農協・協同組合には、国際的な動向にも従い、政府のこの組織再編政策を改革することが求められているが、そのためにも自らが本来の協同組合としての在り方を徹底して追及する必要がある。

ただ、わが国には農協、生協をはじめ多くの協同組合があるが、例えば農協についていえば自民党の支持団体や行政の補完組織とみなされることが多いように、一般的には本来の協同組合の在り方とは異なって認識されているのが多いのが実態である。それにはわが国の風土的・歴史的な日本的特徴ともいえる要因もあるが、これは現在の農協が本来の協同組合の在り方と乖離した側面があることを示しており、内容は異なり程度の差はあるが生協にも同じようなことが指摘できるのである。

そして政府は農協・生協が本来の協同組合の在り方から乖離しているこの側面を強調し、近年の協同組合に対する世界的な動向とは真逆な方向を強めているが、わが国ではこの政策を転換し、協同組合を国政上の重要施策の一つと位置づけた政策展開が求められているのである。

もともと協同組合はいつどこで始まったのか、その詳しいことを示すのが困難といわれているが、資本主義とともに発展してきたことは明らかである。その背景には生産力の増大により国民生活は向上したが、他面では長時間労働や低賃金を余儀なくされた「経済的弱者」が発生した。そのため政党など多様な組織によりこの「経済的弱者」の状況の改善を目指した運動が展開されたが、その一つに協同組合があったといえるのである。そして発展期にみられたこうした資本主義制度の矛盾が現在ではグローバル化により拡大・深化しており、これを改善するために協同組合が果たす役割は一層重要になっているのである。

本書はこうした認識に基づき、思想的・運動的側面に焦点を置き日本文化厚生連「文化連情報」に執筆した内容をその後の状況に応じて加筆修正したものである。各章は相互に関連してはいるが、それぞれ独立した内容となっているのはそのためである。また、補章を加えたのはその内容は現在の農協の在り方を考えるうえでの課題の一つと思うからである。

いずれにしても本書は、現在重要な課題となっている国政を改革するうえでも、わが国の農協・協同組合が価値と原則に基づいた本来の取り組みを強めることを期待して執筆したものである。それは困難で長い過程ではあるが、そこにこそわが国の協同組合の将来の発展があると思うからである。読者の忌憚のないご批判をいただければ幸である。

最後になったが、「文化連情報」に執筆の機会を与えていただいた文化連情報編集担当部長小磯明氏と出版事情が厳しいにもかかわらず本書の出版を引き受けていただいた筑波書房社長鶴見治彦氏の両氏に対し、心より感謝申し上げたい。

２０１８年５月

著者

目次

第1章　農協法「改正」と協同組合の再編政策

1　「改正」内容の特徴と問題

２０１５年８月に農協法が「改正」され、２０１６年４月から施行された。この「改正」内容は広範囲に亘っているが次の４点に集約できる。

第１は旧法の「営利を目的としてその事業を行ってはならない」を削除し、新たに「事業の的確な遂行により高い利益を実現し」、「投資や事業利用分量配当に充てる」ことを明記したことである。その上で私企業とのイコール・フッティングを重視し、極めて制限的に採用されている専属利用契約や回転出資金を廃止した。さらに理事構成では「農産物販売・法人経営に関し実践的能力を有する者」や「認定農業者」のほか「民間経験のある者」の登用も重視している。こうした「改正」の特徴は、私企業の論理と経営管理手法の農協への導入強化にあるが、これは独禁法適用除外の廃止にも通ずる措置ということもできる。

第2は農協法で「農業生産力の増進と農業者の経済的社会的地位の向上を図る」ことが目的として規定されているにもかかわらず、「農業所得の増大に最大限の配慮をはらうこと」をわざわざ追加したことである。これは信用・共済事業中心で農業生産への取り組みが疎かにされているとする農協批判を念頭においたものである。この批判自体農協の現状を必ずしも正しく認識したものとはいえないが、それだけでなくこうした農協の「職能組合」としての「純化」は、実態からみても問題が多い。それは現在、農協は准組合員も含めた地域住民との共同・連携による多様な社会的取り組みを進めているが、「職能組合」として「純化」すればこれが弱体化される危険性があるからである。

第3は農協中央会制度を廃止し全国中央会は一般社団法人、都道府県中央会は連合会に組織変更し、併せて全国監査機構を外出ししたことである。政府はその理由として中央会は単協の自主的な取り組みを阻害しているなどと全く実態に反したことを強調している。しかし中央会制度が発足した1950年代前半は、食料需給が逼迫していて農業団体による技術指導による生産増大が不可欠で、そのため中央会の公共的国家的機能が重視されたのである。しかも当時は経営不振農協も多かったため政府と一体になった単協への指導援助が重視されたが、中央会による指導監査もこうした政策の一環であった。

第4は農協の新設分割、株式会社・一般社団法人への組織変更および消費組合や医療法人への組織変更を改めて強調していることである。こうしたこれまでの歴史と実態を無視したような再編・組織変更は協同組合組織を弱体化し、農協については総合農協の解体に通ずる危険性があるといえる。

周知のようにわが国では小規模生産者が多く農協は総合経営で、地域に立地し農業生産を中心としながらも農村の多様な課題に取り組んでいる。これは西欧とは異なるわが国の農協の風土的歴史的特徴であるが、この農協の総合経営形態は協同組合としても注目すべき在り方なのである。

賀川豊彦氏は人体の各機能にたとえながら、協同組合が完成するためには生産組合、消費組合、信用組合、販売組合、共済組合、保険組合、利用組合の7種類の組合が必要であるとした。そして筋肉を生産組合、消化器を消費組合、血行を信用組合、呼吸を販売組合、泌尿器を共済組合、骨格を保険組合、神経系統を利用組合にたとえ、人体のどの一つの機能を欠いてもいけないように、7つの組合の総合的機能発揮を重視した[1]。この賀川豊彦氏の意見は総合農協論ではなかったが、このような意見からみても、わが国の農協・協同組合の特徴を無視した今回の組織の分割再編政策には重要な問題があるといえる。

2　政策理念を根本的に転換した「改正」

(1)　農協の実態と設立経過の無視

今回の農協法「改正」と協同組合の分割再編（以下「農協・協同組合再編政策」）はこれまでの理念を根本的に転換したもので、将来、農協・協同組合の解体に通ずる危険性もある政策ということもできる。そこには多くの問題があるが、とくに次の2点を指摘したい。

その第1は既に指摘したように全く実態を無視していることである。これは「改正」法案の審議が行われた農林水産委員会では衆議院で15項目、参議院では16項目の付帯決議が行われたが、こうした従来にない多項目の付帯決議が行われたことからも明らかで、「改正」内容が実態とかけ離れた内容であることを示している。実際「中央会制度が農協の自由な経営を阻害しているか」という質問に対し、全国の組合長の95%が「そうとは思わない」と回答しており(2)、中央会が「(農協の)自主的な取り組みを阻害している」という意見は聞かれないのである。

また准組合員の88%が「農協がなければ不便である」と答えている(3)。これは農協の「職能組合」への「純化」は地域住民からも支持されない可能性があることを示しているが、農協が「職能組合」として「純化」すれば、近年各地域で強まっている多様な住民の共同連帯による自主的な再生への取り組みを困難にするからである。この意見は農協法「改正」に対する地域住民の批判と懸念の表明ということもできる。

そのうえで第2に指摘したいことは、この実態の無視は戦後農協が発足した理念の誤解にも通ずる危険性があることである。今回の「改正」では「農業所得増大への最大限配慮」を改めて強調していることとは前述したが、もともと農協における「農業生産重視」は、戦後の農協発足に際し強調された基本理念の一つであった。

周知のように、戦後の農協はＧＨＱ覚書に基づき設立されたが、農協法案が審議された第1回国会の農林水産委員会で平野力三国務大臣は、農協法案の主要な内容として「自由の原則」、「農民主体の確立」、「生産に関する事業強化」、「行政庁の監督権の制限」の4点を強調したが、その農協の設立は農地改革と並んで農業、農村の基本計画であり(4)、「農地改革は小作人であった者が再び小作人に転落しないため」実行されたものであった。そしてこの農地改革を真に徹底し、農村の民主化と農業生産力の発展を目指すためには農業団体制度を根本的に刷新し、農民主体の自主的な農協を設立することが不可欠な課題であったからである。つまり農協発足における「農業生産重視」は戦後の農業・農村の民主的改革の一環であり、しかもそのため「非農民的勢力の支配を脱した」農協の設立が目指されたのである。これは今回の「改正」で示されている農協への政府の支配介入強化による「農業生産重視」とは、真逆な理念であった。

(2) 従来政策の根本的な転換

農協法「改正」では全国監査機構の外出しも決定したが、2007年12月の参議院農林水産委員会で若林農相（当時）は、「農協監査は農協指導と車の両輪となり有効に機能している」、「指導と結びつかない公認会計士監査は全中監査におきかえることができない」と明言し、その後政府もこの方針を堅持していた。その理由は中央会監査には古い歴史としたがって貴重な実績があるからであった。

もともと中央会監査は1924年に当時の産業組合中央会に監査部が設置されたことが始まりで、その後1938年には産業組合自治監査法が制定され、翌1939年には産業組合監査連合会が設立されていた。戦後はこの両者が廃止・解散され監査事業は全国指導農協連が実施するようになったが、その後中央会はこれを引き継いでいたのである。しかも監査に携わる農協監査士は監査士試験に合格した国家資格者であり、農協・連合会の監査は単なる「会計監査」ではなく「指導監査」として実施され現在に至っていたのである。

この中央会監査に対しこれまでも公認会計士の組織からいろいろ要望がされていた。今回の「改正」はこの要望に応え、農協の「指導監査」を一般企業と同じ「会計監査」重視に転換したものであるが、政府自体これまで評価していた政策を転換した理由そのものについては明らかにされていないのである。

しかもこうした従来の政策の歴史と理念の軽視は中央会監査問題に限らない。一例を示せば2000年11月、政府の「農協系統の事業・組織に関する検討会」は「農協改革の方向」を取りまとめたが、そこでは「正組合員を『農民』ではなく『農業者』とし株式会社でも農業生産法人であれば正組合員となることができる」ことや「中金を頂点とした単協・信連を通じた信用事業の統一化」などを提起し、これに基づき農協法が改正された。また2003年3月、「農協の在り方についての研究会」の「農協改革の基本方向」は経済事業中心の報告であったが、そこでは一般企業と競争しているという自覚のもとで、「競争に勝ち抜き経営を強化する必要」を強調していた。

この両者はいずれも経済情勢の新たな変化に対応した農協の組織・事業・運営の改革を強調したもので、その提言自体には重要な問題も指摘できる。しかし注目すべきは、前者では「農協系統は農業者の自主的な協同組織である」ことが「農協改革の理念」として冒頭に強調されており、後者でも改正法案の趣旨には「農業者の協同組織としての原点に立ち帰って、農家組合員のための農協改革」が強調されていたのである。

これは両報告書とも情勢の変化に対応した改革の必要性を強調しつつも、農協改革では協同組合としての理念と特徴が重要なことも併せて重視していたことを示している。しかし今回の「改正」ではそうした当然の思想が疎かにされているのである。

(3) 協同組合原則に反した「改正」

①国内・国際関係組織からの強い批判

政府の規制改革会議（当時）の農業ワーキンググループが示した「農業改革に関する意見」（2014年5月）で一連の農協・協同組合対策が提起されたことに対し、日本協同組合学会は「自主的・自立的組織としての協同組合の存在意義を無視ないし否定し、構成員自身による主体的・協同的自己革新の道を閉ざすことになる」として強く反対した。また日本協同組合連絡協議会（ＪＪＣ）も同様に、この意見は「『自主・自立』、『民主的運営』を基本に組合員の出資・運営参加により事業を実施する協同組合の在り方を考量していない」とし批判し、国際協同組合同盟（ＩＣＡ）は「提言が実現された場合協同組合のシステムに元に戻らない損害をもたらす」として懸念を表明したのである。

これらの批判・懸念は、「改正」内容は「協同組合の自治と自立の原則に反する協同組合に対する不当な干渉である」としたもので、当然なことである。それにもかかわらず政府は農協法「改正」を強行し、現在その進行管理の徹底までを強要しているのである。

②危険な協同組合に対する支配・介入の強化

戦後の農協はＧＨＱの「農地改革についての覚書」に基づき、「非農民的勢力の支配を脱する」ことを目指して発足したことは前述した。このことが強調された理由をみると、「農民の利益を無視した農民及び農業団体に対する政府の官憲的な統制」が、「長い間農業機構を蝕んできた甚だしい害悪」の一つであり、それを根絶するためであった。そして「人口のほとんどが農業に従事している国」で、農協が本来的な協同組合としてその役割を果たすことが期待されたからであった。

ここで改めて強調したいのは、ＧＨＱ覚書が農業団体に対する「政府の官憲的な統制」の排除を強調した背景には、産業組合も戦時体制が強化されると「皇軍感謝決議」をして戦争への協力を明確にし、発足以降43年の歴史に幕を閉じた歴史があったからである。これは政府による産業組合に対する支配・介入は戦時体制強化の一環で、そのため国が極めて悲惨な状況に陥ったことを示すものであった。

もちろん当時戦争に協力したのは産業組合だけではなかったが、戦前とは全く異なる政治的・社会的状況にあるとはいえ、現在の協同組合（人）は「産業組合への支配・介入強化は戦争の前兆であった」歴史をわが国の協同組合の歴史的事実として銘記すべきなのである。

3　農協・協同組合の再編政策と自己改革

2014年6月、政府の規制改革会議は「規制改革に関する第2次答申」を取りまとめた。そこでは中央会制度の在り方、全農・経済連の組織形態、准組合員の事業利用など農協制度の見直しが具体的に示されていた。そのうえで答申が示した方針に即し、「今後5年間を農協改革集中推進期間」として、農協に自己改革の実行を強く要請したのである。

この第2次答申に基づき農協法が「改正」されたが、その後政府の支配・介入による農協・協同組合の解体政策は一層強化されている。2016年11月に決定された「農業競争力強化プログラム」では、「生産資材価格の引き下げ」に関連し全農の購買事業や農産物の売り方などの見直しを掲げ、「農協改革集中推進期間」に成果を示すことを改めて強調した。さらに2017年の通常国会での施政方針で安倍首相は、農協問題を含む主要な項目を述べ、「農政改革を一気呵成に進める」と述べたのである。

前述の第2次答申をうけ農協組織も、「5年間を自己改革集中期間として、自らの事業・組織の改革に取り組む」こととし、自己改革工程表（仮称）の作成や進捗管理を徹底することを決定した。この方針に基づき全中をはじめ全農、全共連、農林中金中心に、地域の農協も含めそれぞれの関係事業について「自己改革」に取り組み、政府もその進捗状況を調査するなど期限までに成果をあげることを求め現在に至っている。しかしそこで重要なことは、産業組合の歴史にも学び、政府の支配・介入による農協・協同組合の再編政策に対応し、本来的な協同組合を目指し、真の自己改革を徹底することである。

(注)

(1)賀川豊彦『【復刻版】協同組合の理論と実際』(コープ出版　2012年11月)102～104ページ。
(2)「日本農業新聞」(2015年1月29日)
(3)「日本農業新聞」(2015年2月17日)
(4)「第1回国会衆議院農林水産委員会議録第14号」

第2章　農協・協同組合再編政策の策定過程の特徴と背景

1　政策策定過程の特徴

（1）規制改革推進会議が中心

今回の農協法「改正」が実施されると将来的には農協・協同組合が解体される危険性もあることは前述したが、それは従来とは全く異なった政策策定過程からも明らかである。とくに小泉内閣で総合規制改革会議が設置されて以降この種会議による審議・提言が重視されてきたが、それが安倍内閣となって一層強化されたのである。

今回の農協法「改正」についてみると、2014年5月、規制改革会議は農業ワーキング・グループ（以下「農業W・G」）の検討結果に基づき「農業改革に関する意見」を取りまとめた。そこでは「今回の農業改革は農業政策を大転換するラストチャンスである」とし、「中央会制度の廃止」、「全農の株式会社化」、「単協の専門化・健全化の推進」（単協信用事業の中金移管など）、「理事会の見直し」、「組織形態の弾力化」、「組合員の在り方」など、農協に関する多様な課題が明記されていた。

この「意見」に基づき自民党、公明党の両党は同年6月、「農協・農業委員会等に関する改革の推進について」を取りまとめ、政府も「規制改革実施計画」を閣議決定し（2014年6月）、農協法の「改正」に至ったのである。

その後政府は規制改革会議に代えて新たに規制改革推進会議（議長　大田弘子氏）を設置したが（以下「規制改革推進会議」に統一）、その第1回会議後の記者会見（2016年9月）で大田議長は農業W・Gを設置したことを述べ、「今後は規制改革のアクセルを一気に踏み」、「とくに農業については『攻めの農業』の実現を加速すること」を強調した。そして全農問題をはじめ生乳流通や生産資材などを具体的に掲げ、その抜本的改革について秋までに結論を出すとした。

前身の規制改革会議は住友商事相談役の岡素之氏が議長で、ほかの委員はすべて企業関係者か農業・農協問題の専門家とはいえない研究者で構成されていた。そのあとの規制改革推進会議でも同様で、財界人以外に研究者も委員となっているが、それはいわゆる農業・農協政策の専門家とはいえない人々である。しかも政策の検討過程では生産者（団体）など関係者の意見を聞くこともなく提言されたのが今回の農協・協同組合政策である。これは今までの政策策定過程を根本的に転換したもので、そこに従来とは全く異なった特徴が指摘できる。

こうした政策策定過程の特徴は、この農協・協同組合の政策転換が政府の「規制改革」の中心的課題に位置づけられていることを示している。それは農業WG座長の「検討にあたっての基本的考え方」およびそれに基づいた「施策の具体化の方向」は、いずれも「未来投資会議　構造改革徹底推進会合『ローカルアベノミクスの深化』会合」との連名で示されていたことに象徴されている（２０１６年10月）。この「未来投資会議」は内閣総理大臣が議長で、安倍内閣が実施する規制改革などを「総ざらい」し、「成長戦略の新たな司令塔としての役割を担って設置された」ものであるが（第１回会合における石原担当大臣の発言）、これは正に安倍内閣は農協・協同組合の再編政策を「岩盤破壊による規制改革」の中心的課題として位置づけていることを示しているのである。

(2) 農業政策の規制改革と一体

安倍内閣のこうした位置づけからもいえるように、今回の農協・協同組合政策のとくに注目すべき特徴は、農業政策の根本的な転換の一環として実施されていることである。これは従来の農協対策にはあまり見られなかったことである。既に述べたように、農協法「改正」は規制改革会議が取りまとめた「農業改革に関する意見」（２０１４年５月）から始まっているが、そこでは農協制度だけでなく農業委員会制度の見直しに関連し、遊休農地や農地転用制度の見直しなども提起されていた。

さらに未来投資会議と連名の「施策の具体化の方向」では、「実情に合わなくなったシステムの抜本的な見直し、各種法制度の総点検、合理的理由のなくなった規制の廃止」を強調し、農業政策の広範な分野についての規制改革を提示した。具体的には生産資材に関連し各種法制度（肥料・農薬・機械・種子・飼料・動物用医薬品等）およびその運用などの総点検、農業機械化促進法や主要農作物種子法（以下「種子法」）の廃止などのほか、加工原料乳生産者補給金制度（以下「不足払い法」）の見直しも提言したのである。

そしてこの内容がほとんどそのまま「農業競争力強化プログラム」（２０１７年11月）に盛り込まれ、２０１７年の通常国会ではこれに基づき農業関連法の廃止・改訂・制定が行われたのである。

（3）法規定と国会の民主的運営を蔑ろにした官邸主導

政策の策定過程と同時にその後の審議過程にもこれまでにない特徴がみられる。周知のように食料・農業・農村基本法（以下「基本法」）は、「食料の安定供給の確保」、「多面的機能の発揮」、「農業の持続的な発展」、「農村の振興」を「国の責務」とし、国に対してはそのため「国民の理解に努めること」を求めている。この政策目的を実施するために設置されたのが食料・農業・農村政策審議会（以下「審議会」）で（第39条）、「法律の施行に関する重要事項を調査審議する」と規定されている（第40条）。

しかし農協・協同組合政策の転換については規制改革推進会議が主体で、審議会が開催されていない。これは政府自らが法律を遵守していないことを示すもので、農政・農協問題にかかわらず最近における安倍内閣の注目すべき特徴でもある。

もともと規制改革推進会議は「規制の在り方の改革を調査審議」するための組織であって（内閣府本

府組織令第32条)、審議会とは異なり農業政策の重要事項を審議する組織ではない。それにもかかわらずこの規制改革推進会議の提言を最優先して政策が実行されることは、農政推進上「規制改革」が「国の責務」とされているということもでき、本来的な国政の在り方として到底認めることができない。

さらに審議会だけでなく農林部会などの国会関係委員会・議員の協議・意見も軽視され、官邸主導で決定され推進されているのが国政運営の実態である。これは2017年6月、参議院決算委員会が「各府省等の審議会等で関連する論議が行われている場合は、これを十分に把握して審議すべきである」とする決議を全会一致で決議したが、自民党議員も含めた関係議員によるこうした決議は前代未聞のことである。これは官邸主導の強化は、国会の民主的審議システムを崩壊の危機に導く危険性があることを示したものである。

2　政策策定過程の背景にある二つの特徴

(1) 財界主導による企業論理の強化

規制改革推進会議の提言を基礎とした政府の農業・農協政策は、換言すれば農協・協同組合の企業論理による管理運営の強化と特徴づけられる。既に述べたように、「農業競争力強化プログラム」に基づき2017年通常国会に農業関連法の廃止・改訂・新法の制定が行われたが、その一つの種子法廃止についてみると次のような問題が指摘できる。

この法律は1952年に制定されたものであるが、当時は食料の需給安定が国家的な課題であったため、主要農作物である稲、麦類、大豆の原種の生産と普及は都道府県が行うこととしたものであった。そのうえで法律では民間も参入できることになっていたが、それにもかかわらず規制改革推進会議が民間とのイコール・フッティングの原則から不十分として、その廃止を要求したものであった。

しかしこの種子法の廃止は決して疎かにできない問題である。周知のように最近の種子の供給は従来の「自家採種」ではなく、遺伝子組み換えなどハイブリッド種子が主体となっている。このハイブリッドのF１種子はその性質が次世代に受け継がれないため、農業者は毎年種子業者から購入せざるを得なくなる。いうまでもなくハイブリッド種子の開発には多額の資金と多くの人材が必要とされるが、それは大企業で初めて可能なことで、近年種子産業の国際的拡大に応じモンサント、デュポン、バイエルなどの多国籍企業の参入が強まっているのもそのためである。したがって種子法の廃止は、農家の負担増とともにわが国の農産物生産の基礎への多国籍企業の参入を拡大し、その支配強化をもたらす危険性があるのである。

このため種子法廃止を受け新潟、埼玉の両県では独自の条例を制定するなど、全国の都道府県では従来と同様の種子の安定的な生産・供給体制維持の取り組みが強まっているのである。

また、企業論理強化の観点から強調されている農協・協同組合政策でも重要な問題が指摘できる。それは協同組合が株式会社になると株式公開も当然のこととして行われるが、これは企業による「乗っ取り」が国際的にも可能になることを意味するからである。たとえば現在、全農は国内だけでなくアメリカの全農グレーンやCGBおよびカナダのGCCなど、海外でも子会社を所有しているが、全農が協同組合として存在する限り、株式売買によるこれらの子会社の「乗っ取り」は不可能である。しかし国際的には協同組合が株式会社になったため「乗っ取り」された例もあるので、わが国の農業生産と食料の安定供給を図るためにも、多国籍企業の支配を許すような企業論理による農業および農協・協同組合政策の転換を行うべきではないのである。

(2) アメリカからの強い要求

規制改革推進会議は農林中金・全共連の在り方について提言し、政府もそれに基づき対策を決定しているが、その背景には日米構造調整会議などを通じたアメリカからの強い要求があったことは否定できない。最近では在日米国商工会議所（以下「ACCJ」）の意見はその象徴である[1]。

そこでは日本政府に対し、「国際通商上の責務に従い、共済等を外資系保険会社と同等の規制下に置くべきこと」を求め、そうなるまでは「共済等による新商品の発売や既存商品の改定、准組合員や非構成員を含めた不特定多数への販売、その他一切の保険事業に関する業務拡大および新市場への参入を禁止すべきである」と述べている。これはわが国の国家主権を全く無視した要求である。そのうえで「農協法が制定されて以降、安倍政権がはじめて大規模な農協改革を実行したことを高く評価」しながら、さらに金融庁監督の下での民間保険と同等の事業推進を求めていたのである。

またアメリカのＵＳＴＲが公表した報告書でも、日本郵政がアフラックのがん保険商品を取り扱う郵便局数を増やすことにしたことを評価しつつ、「金融庁規制に服さない保険事業を有する共済に対し金融庁の監督とすること」を求めていた(2)。

これは協同組合再編政策で示されていた信用・共済事業に対する政策は、いずれもアメリカの要求に応じその支配と従属を強めるものであることを示しているが、それはアメリカ側の文書だけでなく日本の首相の対応の反映でもあったといえる。２０１５年4月、安倍首相自らが米議会上下両院合同会議でＴＰＰに関連して農業問題に言及し、「長年続いた農業政策の大改革」とともに「農業協同組合の仕組みを抜本的に改める」と述べていた。

その後このアメリカへの追随が一層深化し、ほとんどの国がトランプ大統領の暴走を批判しているにもかかわらず、安倍首相だけが「日米同盟第1」を強調してエールを送り、アメリカからの武器輸入の拡大や核削減問題などでアメリカの要求を受け入れ、トランプ大統領との一体化を強めているのが実態である。これは独立した国家としての主権にもかかわることで、国の在り方が問われているのである。

3　転換が必要なトリクルダウン政策

これまで述べた農業や農協・協同組合にかかわる政策転換の背景には、国政全体を通じて「ドリルで規制の岩盤を破壊する」ことを最大の目標とした安倍政権の政策理念があるのはいうまでもない。この政策を改革するうえでも、とくに経済政策については戦後の政策理念自体を再検討することが求められているといえる。

周知のように1956年度経済白書は戦後回復を通じての成長は終わり、「もはや『戦後』ではない」と強調した。そのうえで「今後は経済成長率の闘いであり、生産性向上のせり合いである」とし、「(生産性が低い）中小企業、労働、農業などの各分野が抱く諸矛盾は経済の発展によってのみ吸収される」とした(3)。

そしてこの大企業優先によるトリクルダウンの政策理念が戦後復興期だけでなく、所得倍増計画をはじめとするその後の経済政策の基本として重視されたところに、戦後のわが国の重要な特徴があった。その結果、多国籍化した独占的大企業本位の政策により食料・農産物の輸入が促進され、農業分野は縮小し過疎化により地域が崩壊するなど、日本の経済構造の不均衡と国民の経済的・社会的格差が拡大・固定化し、現在に至っている。

政府は「景気はいざなぎ景気を超えた」として、現在のわが国の経済は好況局面にあるように述べている。しかし国内総生産（GDP）と大企業の内部留保は増加しても賃金はほとんど上昇せず、個人消費は回復していない。農業生産の縮小と農産物・食料の輸入拡大により食料自給率も低下し、国民の生活不安が強まっているのが実態である。

したがって現在必要なことは、これまで述べたような企業本位の規制改革推進会議を最優先した政策を根本的に転換し、国民本位の政策を実施することである。そして農協・協同組合には、この国政改革運動の一翼として参画することが求められているといえる。

（注）

（1）在日米国商工会議所意見「共済等と金融庁監督下の保険会社の間に平等な競争環境の確立を」

（2）「２０１５年米国通商代表（ＵＳＴＲ）外国貿易障壁報告書」（日本の貿易障壁言及部分：外務省作成仮要約）（平成27年４月13日　外務省）

（3）「１９５６年度経済白書」42〜43ページ。

第3章　雇用・生活不安と格差拡大が深化している現代社会

協同組合政策の転換が進められているが、一方ではわが国の雇用不安と格差拡大が深化している。現代社会における協同組合の役割を考える上でも、その実態についての認識が必要で、ここではそうした観点から現在の日本における主要な問題について検討する。

1　非正規雇用者の増加と長時間労働

近年わが国では雇用の不安定化が進んでいる。その一つは非正規雇用者の増加で、その動向は表3−1で示した通りである。この表での非正規雇用者はパート、アルバイト、派遣社員、契約社員、嘱託その他の合計であるが、表からも明らかなようにこうした不安定雇用者が年々増加しており、最近では全雇用者の40％近くにまで達している。

当然この非正規雇用者の賃金は正規雇用者に比べて低く、「労働力調査」（総務省）によると、2014年の1時間当たりの全世代平均の所定内賃金は正規雇用者の1958円に対し非正規雇用者は125

8円で、64%程度に過ぎない。しかも年齢別にみるとこの格差は35歳以上から拡大し、50～54歳では正規雇用者の2457円に対し非正規雇用者は1232円で50%にまで低下している。つまり最も働き盛りの年代で両者の賃金格差が拡大しているが、これは「一億総中流社会」の崩壊であり、新たな下層クラス＝負け組で置き去りにされた階層が創出され、拡大する要因ともなっているのである。

ここでの賃金は男女合計の結果なので、とくに高齢女性の雇用と賃金の実態も反映したものであるが、もともと正規雇用者の賃金自体が決して高いとはいえない現在、この働き盛りの年代における正規雇用者と非正規雇用者の賃金格差は重要な社会的問題である。

この低賃金構造に加えわが国の大きな社会問題は長時間労働である。日本の労働者の労働時間はアメリカ、イギリス、ドイツ、フランス、イタリアなどの先進国中で群を抜いて長く年間では500時間余り多く、男子労働者の年間労働時間は2700時間余

表 3-1　労働者の正規雇用者と非正規雇用者の推移

（単位：万人、%）

年　次	正規雇用者	非正規雇用者	合　計
2005 年	3,375	1,634	5,009
	(67.4)	(32.6)	(100.0)
2010 年	3,374	1,763	5,137
	(65.7)	(34.3)	(100.0)
2015 年	3,304	1,980	5,284
	(62.5)	(37.5)	(100.0)

（資料）総務省「労働力調査」
（　）は割合である。

りに達する。これは1日8時間労働とすれば、日本の労働者は2か月分以上も多く働かされていることになる。週60時間以上（月当たり残業時間が80時間以上）の労働時間は「過労死ライン」とされているが、２０１４年時点で男子労働者の12・９％がこの「過労死ライン」に達しており、30～49歳では実に16％台となっている。これは男子正規労働者ではさらに顕著で、年間２５０日以上就業する労働者の場合、20～49歳では4分の1前後が「過労死ライン」を超える労働を強いられている(1)。この実態はいわゆるブラック企業だけではなく電通などの過労死問題にもみられるように、トップ企業を含めわが国では著しい長時間労働が一般化していることを示しているのである。

こうした実態にあるため政府は、２０１６年9月、「働き方改革実現会議」（議長　安倍首相）を設置し、「働き方改革実行計画」（２０１７年3月）を決定したあと、これに基づき関係法を整備し「働き方改革」の実現を目指している。そこでの特徴は企業が世界一働きやすい国を目指し、労働者派遣法を改悪した後労働法制を総体的に改悪することにあり多くの問題があるが、とくに次のことを指摘したい。

その一つは「同一労働同一賃金」を重視するとしながら、正規・非正規雇用者の賃金格差は実質的に企業者の判断に任され、時間外労働の限度についても繁忙期では上限を「月１００時間未満」として過労死ラインを容認する内容となっていることである。いま一つは「柔軟な働き方」として「高度プロフェッショナル制度」の創設を提起しているが、これは「8時間労働制、残業代など、労働者保護の基本的ルールが適用されない働き方の導入」（日弁連）で、まさに「残業代ゼロ制度」である。当然、最初は対象が特定されていても、一度導入されれば一般労働者に拡大される危険性が強いのである。

この関連法案の国会審議で政府は、ねつ造したとも思われる労働時間調査データを提出した。このため裁量労働制拡大を一括法案から切り離す事態に追い込まれるなど、働き方改革そのものの不当性が明らかになっているが、働く人々の健康と命を真に守る対策が求められているといえる。

2　貧困問題と経済的・社会的格差の拡大と固定化

(1) 所得と貧困率の動向

これまで述べた低賃金と長時間労働の強化は労働者の所得低下とコインの表裏の関係にある。それは**表3－2**からも明らかで、まず全世帯1世帯当たり平均所得金額をみると、2006年の566・8万円が2015年では545・8万円と、絶対額でも低下している。これと高齢化が深化しているわが国において、高齢者世帯の所得が308・4万円で全世帯の60%以下となっていることを併せて考えると、

表 3-2　1世帯当たり平均所得金額と貧困率の推移

(単位：万円、%)

項目		2006 年	2009 年	2011 年	2012 年	2013 年	2014 年	2015 年
所得	全世帯	566.8	549.6	548.2	537.2	528.9	541.9	545.8
	高齢者世帯	306.3	307.9	303.6	309.1	300.5	297.3	308.4
相対的貧困率		15.7	16.0	—	16.1	—	—	15.6
子供の貧困率		14.2	15.7	—	16.3	—	—	13.9

(資料) 「国民生活基礎調査」(厚生労働省)
貧困率を算出している調査には総務省「全国消費実態調査」と厚生労働省「国民生活基礎調査」があるが、上記は後者による貧困率である。

この所得低下は家計を直撃し、国民が消費支出を抑制する要因となっているのはいうまでもない。そのため国民各層の貧困率も高く、2015年では「相対的貧困率」15・6%、「子供の貧困率」13・9%で、近年ほとんど改善されていないのである。

なお、この「相対的貧困率」とは周知のように、全国民の可処分所得を順に並べた時の中央値の半分の水準を貧困線とし、それを下回る人の割合を示したものである。その基準となる「貧困ライン」も2012年は122万円であるが2015年も同額である。

貧困率が高いことは国民各層間の所得格差が拡大していることを意味する。その実態はわが国では6人に一人が貧困者であることを示しているが、これはパート、アルバイト、契約社員など多様な非正規雇用者の増大を反映した結果なのはいうまでもない。

現在、「相対的貧困率」を算出している統計には総務省「全国消費実態調査」と厚生労働省「国民生活基礎調査」があるが、これまでの実数をみると後者より前者の方が低くなっている。これは両調査のサンプリングの特徴によるものであるが、安倍首相は低い前者による数値を示し、アベノミクスの成果として自画自賛する例もみられたのである。

また「子供の貧困率」は、18歳未満を対象に子供に収入がないため親の所得などを基礎に「相対的貧困率」と同じように算出しているが、近年その率は上昇し、2012年には過去最高の16・3%となり、初めて「相対的貧困率」を上回った。2015年には若干低下しているとはいえ、親の低所得を反映した「子供の貧困率」問題は当然「教育格差」となって固定化し、子供の将来に大きな影響を及ぼす。これは国の未来にかかわる重要な社会問題であり、憲法の「すべての国民は等しく教育を受ける権利を有する」（第26条）規定にも反するので、その改善が求められているといえる。

わが国でも2013年に「子どもの貧困対策の推進に関する法律」が制定され、翌2014年には「子供の貧困対策大綱」が閣議決定され、対策が講じられている。しかし法律が目的としている「貧困の状況にある子供が健やかに育成される環境の整備と教育の機会均等」が進まず、所得格差の拡大と固定化による教育の機会不均等がむしろ拡大しているのである。

なお、表の所得、貧困率はいずれも平均値であるが、非正規をはじめ多様な不安定雇用者が増加している結果、現在の注目すべき特徴は、社会階層や雇用形態により所得としたがって貧困率にも大きな格差がみられることである。たとえば労働者階層の正規と非正規を比較すると近年男女とも所得格差が拡大する傾向にあり、したがって貧困率の大きな格差もそのまま固定化しているのが実態である(2)。

このように社会階層および雇用形態と貧困率との間に密接な関係があるので、安倍内閣が進めている「働き方改革」が実施されると、雇用形態の多様化により不安定雇用者が増加する可能性があるので、貧困率との関係でも看過できない問題があるのである。

さらに付け加えれば、貧困問題では生活保護制度を無視することができない。2016年の被保護実人員は214・5万人で近年僅かながら減少しているが、被保護世帯総数は163・8万で過去最多で近年増加傾向にある。生活保護基準以下であるにもかかわらず様々な理由で生活保護を受けていない人も多く、補足率は極めて低い。それにもかかわらず政府は保護基準の引き下げなどを計画しているが、必要なのはその改善である。

(2) 国民生活本位の「国のかたち」に

生活困窮者の生活保障対策などを充実するには財源が問題である。いま直近の2018年度予算における社会保障費をみると支出項目の中で最も大きく、予算総額の33・7%を占めている。これは10年前と比較し絶対額で51%、割合でも7・5ポイントの上昇で、近年その増加が著しい。今後わが国では少子高齢化とともに多様な生活困窮者も増加するので、社会保障費のさらなる増加が予測されている。

このため政府は国の財政事情を理由にその縮減合理化を強調し、国民負担の増加や社会福祉事業の重点化・効率化などを強化している。しかしそこで重要なことは、この社会保障費の財源問題を「国のかたち」として検討する必要があることである。その理由は同じ2018年度予算での文教・科学振興費をみると予算総額の5・5%で、10年前とほぼ同額であるが、防衛費は同5・3%で過去最高額となっており、しかも増額傾向にある。これは近年わが国では、「文教・科学振興」という「人」よりは「軍備」の拡大による国造りが重視されていることを示しているともいえる。

いうまでもなく社会保障費は「人」に直接かかわる問題であり、真の国造りは「人」にあるのはいうまでもない。したがって社会保障費の財源を適正に確保するうえでも、予算動向に示されているこの「国のかたち」を根本的に転換し、「人」重視の理念を明確にした累進課税の徹底なども含めた国民生活本位の国政改革が求められているのである。

3　現代の「社会的殺人」と協同組合の役割

これまで述べた長時間労働、低賃金と貧困、格差拡大などは協同組合の生成発展とも関係した問題である。周知のように、18世紀中頃より始まった産業革命によりイギリスでは資本主義生産は著しく発展したが、年少者や婦人の深夜時間のように、年齢や性別にかかわらず死ぬ直前まで奴隷と変わらない長時間労働が行われ、それでも賃金は飢え死の水準であった(3)。エンゲルスはこうした状態を「社会的殺人」と呼んだが、これを改善するためチャーチスト運動や労働運動が発展し、イギリスでは１８４７年に10時間労働法が成立した。翌48年にマルクス・エンゲルスによる「共産党宣言」が発表されるなど社会主義運動も大きく発展した。

協同組合についていえば、「いつ、どこで始まったか、その詳しい時や場所を示すのは不可能」といわれているが(4)、１８４４年にロッチデール公正開拓者組合が設立されたことに象徴されるように、協同組合もこうした資本主義経済における「経済的弱者」の悲惨な実態を改善するための多様な運動の一つとして組織され、発展した側面があったのである。ロッチデール原則はこれを日常生活で実現することを目指し、悪徳業者から一般消費者を守るための基本原則を示したものであった。

もともとオウエンは1800年にニュー・ラナークに協同社会を建設したが、それは過重労働、貧困、不公平・不平等、無知、分裂、不平・不満は資本主義のもとにおける社会環境に原因があるとして、「環境が適切であれば劣悪な性格も優良な性格に代えることができる」ことを基本理念とし、そのため資本主義に代わる生活環境の実現を目指したものであった。レイドロウが提起した「協同組合地域社会建設」は理念の上ではオウエンとは異なっているとはいえ、この思想を引き継いだものである。

そしてここで強調したいことは、19世紀とは異なるが21世紀においても「社会的殺人」といえる状態がみられ、しかもそれがグローバル化し、深化していることである。現在世界的に広がっているポピュリズム現象も、「サイレント・マジョリティー」、「負け組」、「置き去りにされた」などの多数者の存在や格差拡大、貧困、不平等、権利無視などを反映した結果である。

ただ、ポピュリズムのリーダーは既成のエリート層、政党、組織を批判するが、一方では排外主義に基づいた反移民・難民および反イスラムなど、民族的宗教的差別と対立を強調している(5)。これは協同組合とは異なった思想で、現代社会における民主主義、平等、連帯を基礎とした社会を実現するうえで協同組合の理念と役割が重視される所以である。協同組合がユネスコの無形文化遺産に登録されたのも、協同組合のこうした特徴と役割が世界的にも評価されたからなのはいうまでもない。

（注）

（1）斎藤力稿「日本の長時間労働と労働時間法制」『経済』（2015年7月）50～51ページ。
（2）橋本健二著「新・日本の階級社会」（株式会社講談社　2018年1月）72～76ページ。
（3）W・Z・フォスター著『三つのインタナショナルの歴史』（大月書店　1967年12月）6ページ。
（4）W・P・トキンズ著　二神史郎訳『協同組合運動史』（家の光協会　1979年9月）6ページ。
（5）ポピュリズムに関する指摘は水島治郎著『ポピュリズムとは何か』（中公新書　2016年12月）による。

第4章　オウエン、サン・シモン、フーリエの共同社会思想

協同組合には永い歴史があるので、現代社会と協同組合を考えるうえでも源流に遡った検討が必要である。ここでは先覚者3人について、共同社会を中心にその思想を検討する。なおこの3人についてエンゲルスは空想的社会主義者として批判しながらも、一面では評価していたことは周知の通りである。

（注）ここでは3人に共通した思想として「協同社会」ではなく「共同社会」を使用する。

1　オウエンと地域共同体

（1）ニュー・ラナーク「統治」の理念と特徴

ロバート・オウエン（以下「オウエン」）は、グラスゴーから東南へ約30㎞にある農村地帯の小さな町ニュー・ラナークにあった綿紡績工場を妻の父から引き継いだ。しかしこの工場を一般な管理により「経営」するのではなく、住民の性格に有害な影響を与えている環境を改善することを目指して地域を

「統治」するとし、1800年から協同組合による地域共同体の建設に本格的に取り組んだのである。

オウエンが目指した地域共同体にはいくつかの特徴があるが、その一つは地域内でいろいろな施設を整備したことである。具体的には日用品店舗をはじめ教育施設（学校・託児所）、共同の炊事場と食堂および住民住宅のほか、学習室と教会も備えたビルなどであった。日用品店舗ではまがい物でない良品をほとんど原価で販売したが、教育施設を共同体で整備したのは、当時一般化していた長時間労働や親の教育が子供に悪影響を与えている実態を改善するためであった。

いま一つの特徴は工場の管理であった。多くの物品が盗まれる状態を防止するため賃金と労働時間、製品の品質と価格、在庫管理などを徹底したが、特徴的なのは各面が黒、青、黄、白の縦横3・5㎝程度の四角形の先の尖った木片を各労働者の前に置いたことである。四面の各色は労働者の勤務態度を示していたので、この木片は「口をきかぬ監視者」として労働者の自覚を高め、自主的に労働に励むようにする役割を果たしたのであ

口をきかぬ監視者

る。

オウエンがこうした各種施設や工場管理を行ったのは、「野蛮人から賢者に及ぶまで、どんな種類の性格も、適当な手段を用いることによって改善できる」という信念があったからである(1)。つまりオウエンは人間形成における環境の影響を重視し、人々に有害な影響を与えている環境を改善すれば、怠け者、盗み癖、嘘つきなども立派な人間に新しく生まれ変わることができると確信していたのである。

(2)労働の「自然的価値尺度」説を提起

オウエンはこうした考えで地域共同体建設に取り組んだが、具体的にはａ　土地耕作者が最少300人、最大2000人で最も望ましいのは800人から1200人の集落形成、ｂ　一人当たり耕作面積は半エーカーから1エーカー半、全体では150から3000エーカーで中位の1200エーカーが最も適当、ｃ　共同体の全員は工場か作業上の仕事に順番に従事するとともに農耕園芸の仕事と交互に行う、ｄ　共同体では「年齢と経験」以外のどんな差別もしない、ことを基本とした(2)。

これからも明らかなように、オウエンが目指したのは小規模な地域的な共同体であったが、それは生産における人間労働の重視にも関連した理念であった。オウエンは産業革命により生産力が著しく増大したにもかかわらず労働者の貧困や失業が深刻化していることは、生産において人間労働が正しく評価されていないことにあるとした。そして生産物の交換は金・銀を尺度とした「人為的価値尺度」ではなく、「働いた人間の肉体と精神との諸力の複合」としての「自然的価値尺度」とすべきであると主張した。こうした考えから現地通貨による商品市場の一つとして労働交換制度を提示したが、この「自然的価値尺度」が機能するためには、労働交換所に持ち込まれる多様な商品にふくまれている多様・多種な労働を、一定の基準にしたがって正当に評価することが不可欠である。

この制度は小規模な地域的な共同体を念頭に提示されていたが、それでも商品間の不公平による参加者の不満が増大し、結局労働交換所は閉鎖されたのである。つまり資本主義制度において人間労働を正当に評価すべきであるとする理念は極めて重要なことであったが、オウエンはその具体化に失敗したまま終わったといえる。

2　サン・シモンとフーリエ

(1)　サン・シモンと産業者社会

サン・シモンが生きた65年間はフランスをはじめ西ヨーロッパは産業革命の胎動期にあり、旧社会は大きく変化しつつある時代であった。こうした時代的背景もあり、サン・シモンの最も重要な特徴は産業者に着目したことである。彼は「産業者とは何か」を問い、「産業者とは、社会のさまざまな成員たちの物資的要求を満たせる一つないしいくつかの物質的手段の生産をしたり、それらを彼らの手にいれるために働いている人たちである」(3)と述べた。そして農耕者、車大工、指物師、リンネルなどの製造者、商人や水夫などを具体的に掲げ、それらすべてを産業者とした。

これからも明らかなように、サン・シモンは人間が生きていく上で必要な物資的手段の「生産」と「流通」の両方に携わっている者を産業者としたが、その産業者は自らのためだけでなく社会の全成員のためにも働いていることを強調した。しかも「国民の25分の24の圧倒的多数をしめる階級」でもあったので、本来的には「産業者階級は最高の地位を占めるべきである」にもかかわらず、実態は「すべての階級のうちで最下位におかれている」ことについてサン・シモンは鋭く批判したのである。

こうして生産労働に着目したサン・シモンは産業者を農業者、製造業者、商人の三つに分類したが、その特徴の一つは産業者主体の社会設立を提示したことである。具体的には貴族、軍人、不労所得者などによる封建的・軍事的支配体制を、産業者による産業的・平和的な管理体制に転換することであった。そしてこの産業者社会では上記の三つの階層に加え政治的、道徳的、哲学的な仕事に携わる人々の支援も必要だとし物理学者、化学者、生理学者だけでなく銀行家も産業者に含めていたのである。そこには社会的に有用な物資を生産するという最も有益な労働に携わっている圧倒的多数の「働く人々」が社会の指揮をとることを基本としながらも、新しい社会の管理には予算策定をはじめ公共財管理問題など複雑な課題が多く、そのため多様な階層を結集した総合的能力が不可欠だからであった。

いま一つの特徴はこの産業者社会への移行にかかわる問題である。もともとサン・シモンは宗教心が篤く、多数者による有益な社会も神が与えた原理であるとしたが、産業者社会も暴力的・脅迫的ではなく平和的手段により実現すべきであるとした。そのためには議論、論証、説得が唯一の方法で、それは産業者が本来平和的で多数を占めており、能力も抜群の有益性をもっているからであった。それ故にサン・シモンは産業者にも厳しく、「自分たちの人力、資力、政治的能力を自覚すること」、「克服すべき政治的障碍は外部にあるのではなく自分たち全体の内部にあること」など強調した。産業の発展も漠然と望むのではなく、「断固として主張すべきである」と述べたのも同じ理由からであった。これは本来的な協同組合を目指す組合員の在り方として、現代にも通ずる貴重な意見である。

(2) フーリエと共同社会

フーリエは産業主義を科学的妄想であるとして厳しく批判した。それは産業主義では生産者や賃金労働者は富の増大の分け前に与る保証は何一つなく、生産も無秩序な実態にあるからであった。フーリエがこのように産業主義を批判したのは、人間は本来神の神髄を探求すべきであったにもかかわらずそれを怠り、神髄を知る前に社会は巨大な発展を遂げたからであった。その結果買占め、投機売買、ゆすりなど産業的体制に無秩序をまき散らす商人や卸売業がはびこり、競争が激しくなる一方で労働者の賃金が低下する傾向を指摘し、批判したのである(4)。

こうした考えからフーリエは、イギリス・バーミンガム職人親方集会の宣言が、「産業や労働者のつつましさは労働者を悲惨から保護することはできず、農業雇用されている賃労働者は無一文であり、また、彼らは食糧が過剰に存在している国で餓死している」と述べていることを取り上げ、これは「文明社会における奴隷制の事実上の復活である」と強調し、批判したのであった。

フーリエはこの状態を改善するため家族的な共同体（ファランジュ）を提示した。それは「最少400人、最大2000人、平均1620人の男女による、一人1ヘクタールの農地をもった生産・消費にわたる生活共同体」であった。このため居間、食堂、寝室などを備えた広大な共同宿舎のほか作業所、家畜小屋、倉庫をはじめ教会も設置した。

これはオウエンと同じような思想であるが、フーリエの特徴は人間の行動を支配する「情念」を強調したことである。人間は移り気な情念をもっているので共同体内の労働も1時間半、長くても2時間とし、しかも誰もが1日7～8種類の労働に従事することとした。こうした日課では疲れることはないので、食事はもちろんミサへの出席、相互の話し合い、美術・演劇・舞踏会などへの参加も可能となる。また、労働に対する熱意が高まり生産物の品質は向上するとともに、構成員相互の近親感も強まるからであった。

3　先覚者3人の思想と現代における協同組合の課題

ここで示したオウエン、サン・シモン、フーリエの思想（以下「先覚者の思想」）に共通して指摘できる特徴の一つは、資本主義経済では圧倒的多数の「働く人々」が生産の向上に果たしている重要な役割を強調するとともに、それにもかかわらず賃金が改善されないどころか引き下げられ、しかも長時間労働で生活と健康が破壊されている実態を直視し、その改革を目指したことである。これは人間重視の思想ということができ、資本主義生産で人間が単なる生産要素の一つとして酷使されている状況を改善しようとしたものである。

いま一つは、こうした人間が重視される社会を、地域的な共同体の建設によって実現しようとしたことである。こうした地域的共同体により日常生活をともに営みともに労働し、お互いの交流を密にした人間性豊かな生活の実現を目指したことである。

この特徴を一言でいえば、資本主義の発展に伴う「社会的殺人」ともいわれた非人間的な実態を、地域的な小規模な世界で実現しようとしたことであった。エンゲルスがこの3人を空想的社会主義者として批判したのも、「社会的殺人」はプロレタリアートの階級闘争による社会主義の実現によってはじめて解決できることで、個人の意識内の「小さな理想主義」や地域的な共同社会では解決できないとする理由からであった。そしてその後の経過をみると、この3人の先覚者の共同社会思想だけでなく、協同組合自体が「資本主義の大海に飲み込まれた」と批判されるような実態もみられたのである(5)。

こうした歴史からみて、今後協同組合が資本主義の大海に飲み込まれず一層の発展を目指すうえでの重要な課題の一つは、「社会的殺人」の真の原因は資本主義そのものにあり、その改善・改革は協同組合のレーゾンデートルにもかかわる課題なので、日常的にもそれを認識した取り組みを心がけることである。空想的社会主義者と批判したエンゲルスも、一方では先覚者3人については啓蒙思想家とは天地の隔たりのある考えで、理性と永遠の正義の国の実現を目指したとも述べているのも、このことが3人の先覚者に共通して指摘できたからである。

いま一つはそのためにも現在の協同組合（人）にとって求められているのは、協同組合の価値・原則に基づいた取り組みを強めるのは当然であるが、同時に3人の先覚者の思想を正しく引き継ぐためにも、それを協同組合の組織内だけの運動に終わらせるのではなく、労働者をはじめ多様な国民各層との提携を強め、資本主義による社会的矛盾を改善するための全体的な改革と結合した取り組みを強化することである。

現在、農協・協同組合は自らの組織・事業・経営の改善を行いながら多様な課題に取り組んでいるが、自民党などとの関係で協同組合原則にも悖るような実態の改善を図ると同時に、そのためにも根底に現代社会の改革が戦略的課題としてあることを忘れてはならないのである。

（注）

（1）オウエン「ニュー・ラナーク施設についての声明書」『都築忠七編　資料イギリス初期社会主義―オウエンチャーティズム』46ページ。

（2）オウエン「ラナーク州への報告」『梅根悟・勝田守一監修「社会改革と教育」』（1968年4月　明治図

書出版株式会社）１３３ページ以降。

（3）サン・シモン著　森博訳『産業者の教理問答』（岩波書店　２００1年6月）10ページ。以下サン・シモンにかかわる引用は特別断らない限り同書によるが、その都度の表示は煩雑なため省略する。以下の引用も同じ。

（4）フーリエ「産業的協同社会的新世界」『世界の名著　続8』（１９７５年2月　中央公論社）４７８ページ。

（5）W・Z・フォスター著　インタナショナル研究所訳『三つのインタナショナルの歴史』（大月書店　１９５７年12月）13ページ。

第5章　協同組合セクター論と現代社会

1　先覚者の共同社会思想と現代社会の改革問題

先覚者の共同社会思想は理念として資本主義経済の改革を目指していたが、その特徴は全体的客観的ではなく、個人的意識内での地域的な「小さな理想主義」であったことは前述した。しかし理念的に資本主義の改革を目指していたことは、当然のことながら共同社会思想は地域的な実践で事足れりとするのではなく、思想的にはこの共同社会が経済社会全体を支配することを目指すことを本来的に内包していたということもできる。

ただレイドロウもいうように、「協同組合制度が次第に多くの信奉者を引き入れ、支配的な地位につき、そしてあらゆる分野で影響力を行使し、最終的には協同組合共和国を建設する」ことを目指したといえる先覚者の意見は、「ミクロ経済レベルではいまだに可能であるが、マクロ経済レベル、ないし全国規模で建設するというユートピア的ビジョンを持つ協同組合人は今日ほとんどいない」のが実態である(1)。

先覚者が示した共同社会は協同組合社会とは理念的に異なるところもあるが、レイドロウのこの意見は経済社会が当時とは根本的に変化した現在、現代の協同組合は資本主義経済の改革に如何に対応すべきかについて問題を提示しているということができる。これは協同組合が資本主義の大海に飲み込まれてしまった歴史を顧み、そうならないための新たな対応が現在の協同組合に求められていることでもある。こうした観点から、ここでは協同組合セクター論を中心に、現代社会における協同組合の機能・役割について検討する。

2 ジョルジュ・フォーケの協同組合セクター論

はじめて「協同組合セクター論」を唱えたのはジョルジュ・フォーケ(以下「フォーケ」)であった。彼はまず資本主義経済の実態について、資本家的形態は明白な支配権を獲得したが、それにもかかわらず「非資本家的経済形態を消滅させるに至らず新しい経済体制の出現も防止できなかった」とする。その上でこの非資本家的経済形態の古い形態の中には家族経営、農民、手工業者などの多数の小経済単位があり、この小経済単位の支援を行うのが非資本家形態の新しい形態である協同組合であるとした。この小経済単位は人数だけでなく市場に投入し搬出する物資の量でも資本主義企業と同レベルにあるが(2)、これは現代社会において協同組合は資本主義企業と同程度の重要性があることを意味しており、そこにフォーケが協同組合セクター論を主張した根拠があった。

こうした考えからフォーケは具体的には公的セクター、資本家的セクター、私的セクター、協同組合セクターの四つのセクターを提起した。このうち私的セクターは家族経営、農民経営、手工業経営者などの前資本主義的セクターなので協同組合セクターと緊密に結びついており、「単一のシステムを構成する」とも述べているので、これは実質的には「協同組合等社会的非政府組織セクター」とすると三つのセクター論ということができる。

フォーケが四つのセクターを提示しながら、協同組合セクターは資本家的セクターと競争と闘争の関係にあるが取引を排除するものでないことや、公的セクターとの関係は複雑でその国の政治的経済的政策によって異なると述べ、さらに消費協同組合についても「単独でもすべての形態でも協同組合は全経済活動を包摂することができない」と指摘していることからも明らかなように、この協同組合セクター論は先覚者の共同社会思想とは異なり、現実に即した国家社会の構成要素を示したものである。

フォーケがこうした協同組合セクター論を強調したのは、いうまでもなく現代社会における協同組合の特徴とその役割を重視したからである。フォーケはこのセクター論を展開するうえで協同組合の基本について述べているが、そのなかでとくに指摘したい第1は協同組合は「民衆の協同組織」と近似しているが、「人々の協同組織」であると同時に「共同の事業体」でもあり、「資本による非人格的集合体」ではなく「人間の結合体」であると強調していることである。これは組織体であると同時に事業体でもあることを述べたもので、他の民衆組織とは異なる協同組合の重要な特徴なのはいうまでもない。

第2は協同組合の基本的な形態はすべて共通しているので家計、農民経営、手工業者などの小単位の第1段階の結合から第2次、第3次の地方的、全国的結合の必要性を強調したことである。こうした協同組合間の協同関係が形成されると、都市と農村で取引される物資でも公平と互恵のルールおよび生活と労働条件を尊重する協同体が形成されるので、経済的なものに対する社会的なものの優位性発揮に寄与することができるとする。これは生産と消費が全く分離している現代資本主義社会の矛盾を解決するうえで、協同組合間協同が重要なことを指摘した意見として改めて注目する必要がある。

第3は協同組合における共同行動を重視したが、それは個人の自発性が基礎であることを強調したことである。協同組合は個人の自立と独立が前提条件であると同時に、共同的活動の目的であるとし、協同組合により経済とモラルの両次元で、同時に個人と集団が結合されることでもあると述べている（傍点フォーケ）。また、協同組合に結集した人々が経済的要求だけでなく、社会的倫理的規範についての共通概念によって結合されることが重要なことも強調したのである。これは協同組合原則の教育重視に通ずる意見である。

いずれにしてもフォーケの協同組合セクター論は、現代社会では協同組合が一つのセクターを構成し重要な役割を果たしているので、資本主義社会を改革するうえではその機能発揮が大切なことを強調したものといえる。

3　レイドロウの協同組合地域社会建設論

レイドロウは前述したように、先覚者の意見を「協同組合共和国の建設」と規定し、現在こうしたユートピア的ビジョンをもつ協同組合人はほとんどいないと述べていた。そのうえで現代経済全体を形作っている公的、私的、協同組合の三セクターに光を当て、相互の関係について検討している。ここではその詳細に言及する余裕はないが、レイドロウの協同組合地域社会建設は協同組合セクター論も検討したうえで提示されたものである。

レイドロウは世界的には不確実性が充満しているが、a　将来の世界では都市化が進むこと、b　協同組合の完全な恩恵に浴し経済的社会的環境に強力な影響を与えるためには一つだけでなく多種多様な協同組合の手段を用いなければならないこと、c　協同組合開発の計画は地域社会の段階で作られるべきであること、の三点を「確かなこと」として指摘した。そのうえでこの3点を踏まえると、将来協同組合に求められる計画は協同組合地域社会建設であるとし、それを提起したのである。

これはオウエンなどが考えた地域共同体とは異なり、協同組合方式が住民にとって重要な意味がもてるよう多くの種類の協同組合を活用した都市集団、隣保集団、地域集団としての地域社会を協同組合地域社会とし、その建設を提起したのである。多くの社会的経済的ニーズに応じて協同組合を設立すれば、地域社会の創設に総合的効果を及ぼすことができるからである。こうした考えからレイドロウは日本の総合農協を高く評価したのである。

彼は日本の総合農協が生産資材の供給、農産物の販売、営農指導、貯蓄信用・保険、医療サービスと病院での診療・治療のほか文化運動なども含め、広範な経済的・社会的サービスを提供しているので、この総合農協がなければ農民や地域社会全体の生活はまったく異なったものとなったであろうと述べている。そのうえでこれほど広範な事業は都市部では一つの協同組合でできるものではなく、各種の協同組合がサービスを提供することによって一つの地域社会を作ることが目的となるとも述べている。これは地域内の住民は生産者、労働者、消費者の立場から組合員として協同組合にかかわることを意味するが、レイドロウが提起した協同組合地域社会とはこうした特徴をもった社会であった。

フォーケも協同組合の基本理念はすべての形態の協同組合に共通しているので、各分野の間に明確な線を引くことはできないと述べていたが、レイドロウのいう協同組合地域社会も多様な協同組合間の協同と総合的な機能発揮を重視したものといえる。

4　ＩＬＯ「協同組合の振興に関する勧告」の特徴と意義

２００２年６月、ＩＬＯは「協同組合の振興に関する勧告」を決定した。これはＩＣＡ１００周年記念大会（１９９５年）における「協同組合のアイデンティティに関する声明」に基づいたものである。

この勧告には注目すべき重要な特徴があるがとくに二点を指摘したい。その一つは「ディセント・

ワーク（decent work）の実現」を協同組合の目標として強調したことである。勧告は「所得を生む活動および持続可能なディィセントな雇用を創出し、発展させること」を発展水準に関わりなく、あらゆる国の協同組合と組合員に求めたのである(3)。このディィセント・ワークとは「安心して働ける仕事」を意味するが、それを実現するための取り組みを世界の協同組合と組合人に求めた意味は大きい。

勧告のいま一つの特徴はインフォーマル経済の改善を提起したことである。具体的には「政府は、しばしば生き残るための周辺的な活動となっている（ときには「インフォーマル経済」と呼ばれる）ものを、経済活動の本流に完全に統合された、法的に保護された労働に転換する上で、協同組合の重要な役割を促進すべきである」とした。

この二つの特徴から勧告は、「インフォーマルも含めた社会全体におけるディィセント・ワークの実現」を提起しているといえるが、これは現代の資本主義経済にかかわる基本問題でもある。すでに検討したように、わが国でも近年非正規雇用が増大し、正規雇用者も含め長時間労働やサービス残業が強化され、経済的社会的格差が拡大し固定化する傾向が強まっている。同時に中小事業者、自営業者、農業者などでは事業・経営の悪化で生活の困難が増大している。これはフォーマル、インフォーマルを含め社会全体でディィセント・ワークが実現していないことを示しているが、その改革を求めたのがＩＬＯ勧告である。

インフォーマル経済では働く場＝仕事の欠如、権利の欠如、社会保障の欠如がみられ、意見を無視されたサイレント・マジョリティーが社会全体で多数存在しているのが現代の特徴である。これはポピュリズムが世界的に拡大している要因でもあるが、ＩＬＯ勧告は協同組合にはこれを改善・改革する役割があることを強調したものである。

5　均衡した社会の建設と協同組合

ＩＬＯ勧告が「均衡のとれた社会」として公共セクターと民間セクターと同様に「協同組合、共済組合、その他の社会的セクターおよび非政府セクター（以下「協同組合等セクター」）が必要」としていることに象徴されるように、近年、協同組合論ではこの３セクター論が重視されている。これは社会主義が崩壊した後、資本主義制度による利潤優先政策が強化されていることに対抗した均衡した国家体制として提起されているところに特徴がある。それ故に基本的な問題も指摘できるが(4)、現在の協同組合を考えるうえでは重要な問題を提起しているといえる。

この３セクター論は協同組合セクター論ともいわれているように、そこでは均衡した国家体制を造り上げるうえで、フォーケ理論の影響もあり協同組合の機能発揮がとくに重視されていることに注目すべきである。これはＩＬＯ勧告に即していえばインフォーマル経済も含めた社会全体でのディセント・ワークを実現するには、協同組合の取り組みが重要なことを示している。このディセント・ワークの実現とは「人間が安心して働ける社会の実現」を意味するので、これは先覚者が目指した人間尊重の共同社会思想と共通しているということもできる。

フォーケは国家はトップから出発するので現実から遠く離れ、生活にとってはただ平均と集計の枠内の近似値として現れるにすぎないが、協同組合は下から上向きに組織さているので個々人と一体的である。それゆえ人間の根源的要求が表現されるので、権力の行使も正しく位置づけることができると述べている。

この意見に象徴されるように、3セクター社会といえども生活者自身が根源的な要求を掲げ、その実現に向けた主体的な取り組みが欠かせないのである。そのことが国家や企業の、過度な権力行使を抑制することになるからである。したがって重要なことは3セクター自体が均衡した社会を意味するのではなく、それが有効に機能を発揮するには生活者＝協同組合セクター自体の主体的な取り組みが不可欠なのである。豊かな人間生活には国家制度の在り方だけでなく主権者としての国民の在り方の両方が問われるのは当然だからである。

現在、わが国の農協・協同組合には価値・原則に基づいた本来的な協同組合を目指した取り組みが求められているが、協同組合セクター論のこの理念は銘記すべきことである。

（注）

（1）「西暦2000年における協同組合」（全国農協中央会）91ページ。以下レイドロウに関する意見は特別断らない限り同書によるがその都度の引用の注記は省略する。

（2）ジョルジュ・フォーケ著　中西啓介・菅伸太郎訳『協同組合セクター論』（1991年12月　日本経済評論社）25ページ。以下その都度表示しないがフォーケに関する意見は同書による。

（3）「ＩＬＯ・国連の協同組合政策と日本」（2003年5月　日本経済評論社）5ページ。

（4）詳細については「文化連情報」（2012年10月）の拙稿を参照されたい。

第6章　経済学における協同組合問題

　これまでわが国では経済学との関係で協同組合問題について論じられることはあまりなかった。しかし協同組合セクター論があるように、資本主義下における協同組合についても経済理論からみた検討も必要となっている。ここでは経済成長問題を念頭にJ・S・ミルと宇沢弘文氏の理論について検討したい。

1　J・S・ミルが示した「停止状態」と特徴

(1) 経済進歩の「停止」と人間性の「進歩」

①経済進歩における「停止状態」

　産業革命による資本主義の発展で生産力は著しく拡大した。経済成長により物質的な需要が満たされ国民生活が豊かになったため、現代でも経済政策ではその持続的成長が課題となっている。しかしその一方で死の直前までの労働を強いられる「社会的殺人」は資本主義の創成期だけでなく、いまなおみられるのが世界的な現実である。わが国も同様で、経済成長最優先政策は戦後復興期だけでなくその後も追求されているが、その結果、経済格差が拡大し、生活困窮者も増大していることは既に述べた通りである。

この経済成長による生産力の発展と人間生活の矛盾をどう考えるかは経済学の理論問題でもあり、これまで様々な意見が示されてきたが、その一つにJ・S・ミル（以下「ミル」）の「停止状態」がある。もともと古典派の経済発展論にも停止状態という概念があったが、そこではそうなると大変だからその到達をできるだけ先延ばしにするため科学技術を発展させ、労働生産性を向上させることが主要な課題とされた。

しかしミルはそう考えず、「停止状態」は人間にとってそんなに忌み恐れるものではなく、経済的あるいは産業的進歩はストップするだろうが、人間の知的・道徳的進歩はより一層強まるとした。つまりミルは経済進歩よりは「停止状態」による人間的進歩を重視したのである(1)。

（注）J・S・ミル著『経済学原理』の「停止状態」との訳に対し、後述するように宇沢弘文氏は「定常状態」という表現を用いられているが、ここでは原著訳にしたがう。

ミルが「停止状態」を示した理由を具体的にみると、「資本および人口の停止状態なるものが必ずしも人間的進歩の停止状態を意味するものではなく…停止状態においてもあらゆる種類の精神的文化や道徳的社会的進歩の余地がある」からである(2)。それだけでなく、人間の関心が立身栄達に奪われなくなり、産業上の改良もひとり富の増大のみに奉仕することを止めるので、むしろ人間が進歩する余地は大きくなり経済成長と人間の進歩が完全両立するだけでなく、他のいかなる状態よりもまさにこの「停止状態」が最も自然的に両者が相伴うものであるとしたのである。

②「資本」からの人間解放

これからも明らかなように、ミルが「停止状態」を提起したのは、「資本」主導の経済進歩は人間の道徳的社会的進歩を遅らせるので、経済構造を「資本」主導から「人間」主導への改革が必要なことを強調するためでもあった。そして資本主義制度による経済進歩が階級的格差を拡大している実態を直視し、「経済的に望ましいことのすべては、進歩的状態とまったくイクオールである」という既存の理論を批判しながら、ミルは「社会の最下層にある階級の生活状態が悪化するのを防ぐための断固たる抵抗」を強調したのである。

さらに注目したいのは、ミルはこの「停止状態」に関連し人間生活の在り方についても意見を述べていることである。彼は「孤独というものがまったく無くなった世界は、理想としてはきわめて貧しい理想である」とした。そして食料生産のため「土地は一反歩も捨てずに耕作され、花の咲く未墾地や天然の牧場はすべてすき起こされ、人間が使用するために飼われている鳥や獣以外は人間と食物を争う敵として根絶され、生垣や余分の樹木はすべて引き抜かれ、野生の灌木や野の花が農業改良の名において雑草として根絶されることなしに育ちうる土地がほとんど残されていない」世界を想像することはできないとした。

これはイギリスでも、とくに１９８０年代に入り経営規模拡大の障害になるとして取り壊されていた生垣（hedgerows）が、近年、多様な植物、小鳥、昆虫、蝶の幼虫、蛾などの生存・生息地として見直され保存されるようになっていることを考えると、ミルのこの意見は１６０年以上前ともいえない先見的な見解であったといえる。同時にこの意見はミルの経済進歩の「停止状態」の提起は、自身の生活理念とも直接関係していることを示しており、極めて注目すべきことである。

いずれにしてもミルは「停止状態」に関連し人間にとって最善の状態は、「たれも貧しいものはおらず、そのため何人ももっと富裕になりたいとも思わず、また他人の人たちの抜け駆けによって押し返されることを恐れる心配のない状態」とも述べている。こうしたミルの「停止状態」は「資本」主導の制度に対し、人間性を回復・維持するための経済制度の在り方を理論的に提起したものであるということができる。

（２）ミルが評価した共同組織と協同組合

経済進歩の「停止状態」を提起したミルは、共同組織と協同組合にも注目していた。ミルは労働者は賃金だけに満足すべきではなく、また階級を永久に労使の二つに分けておくことができないとした。そして経済的見地より道徳的見地を重視し、人間が従属関係ではなく他の人とともに、また他の人のために働くようにする必要があるとして共同組織を重視し、労働者と資本家との間だけでなく、労働者同志の共同組織の実態について検討しているのである。

この共同組織について、「一つの良い種子が広範に播かれている」例としてオウエンによって開始された協同組合を掲げ、ロッチデールについて詳細な検討を行なっているのである。ここでミルは、ロッチデールが創設された経過をはじめ、事業内容と事業実績および会員数と資本金額の動向を検討しながら、協同組合は進歩的傾向を構成する重要な分野の一つとなっていると高く評価しているのである。その上で協同組合は物資的利益の向上に貢献しているが、それ以上に労使間の恒常的不和の解消、階級闘争から万人共通の利益に対する友誼に満ちた闘争への転換、労働の尊厳性の高揚、労働者階級の新しい安定感と独立性をもたらしたと述べている。これは現代社会における協同組合の役割を考える上では興味ある意見といえる。

なお、ミルは協同組合を評価しつつも一面では、個人的経営に対する弱点も指摘しながら、協同組合がその原理による道を徹底することなしには私的資本家と同じようになる危険性についても警告を発していた。これは協同組合（人）が価値と原則に基づいた自主的・自覚的な取り組みを行うことの重要性を指摘したもので、現在でも銘記すべきことである。

いずれにしてもミルは「停止状態」を示しながら、経済進歩より人間性の進歩と道徳的見地を重視したが、そうした思想から共同組織および協同組合を高く評価していたことは注目すべきことである。ミルがこうした理論を主著『経済学原理』で展開したことは、既にその時代から協同組合は経済学上の理論問題でもあったことを示しているといえる。

2　宇沢弘文氏の社会的共通資本と協同組合

（1）社会的共通資本の特徴

Ｊ・Ｓ・ミルの「停止状態」は１６０年以上前の理論であるが、宇沢弘文氏が示した社会的共通資本は現代の注目すべき理論である。はじめに社会的共通資本とは何かをみると、宇沢氏は現在の市場経済ではすべての希少資源は所有関係により社会的共通資本と私的資本の二つに分類されるが、社会的共通資本について次の通り述べている(3)。

「社会的共通資本は私的資本と異なって、個々の経済主体によって私的観点から管理、運営されるものではなく、社会全体にとって共通の資産として、社会的に管理運営されるものを一般的に総称する。社会的共通資本の所有形態はたとえ私有ないし私的管理が認められていたとしても、社会全体にとって共通の財産として、社会的な基準にしたがって管理、運営されるものである」

宇沢氏がこのように社会的共通資本を重視するのは、現在の経済制度では「利潤動機が常に、倫理的、社会的、自然的制約条件を超克して、全体として社会の非倫理化を極端に推し進め」「投機的動機が生産的動機を支配して、さまざまな社会的、倫理的規制を無効にしてしまう傾向が強まっている」からである。したがってこれを転換し、「市民的自由が最大限に保証され、人間的尊厳と職業的倫理が守られ、しかも安定的かつ調和的な経済発展が実現するような経済制度」が求められているのである。何よりもこの社会的共通資本は、もともと市場原理主義のオルタナーティブを出発点とした理論なのである(4)。

宇沢氏のこの社会的共通資本についての考えは、ミルが「停止状態」で示した考えと基本的なところで共通している。実際、リオ環境会議で経済の持続発展に関連し定常状態と経済的発展が両立しうるかという問題が取り上げられたが、宇沢氏はこの問題に関連してミルの意見を紹介し、「ミルの定常状態は市場経済の究極的な姿であり、ミルの理想的な世界観を具体化したものである」と評価しているのである。

宇沢氏は、社会的共通資本は自然環境、社会的インフラストラクチャー、制度資本の三つの大きな範疇に分けて考えられるとし、自然環境には大気、水、森林など、社会的インフラストラクチャーには道路、交通機関、上下水道など、制度資本には教育、医療、金融などを具体的に示している。

そしてそこでの注目すべき特徴は、「農業・農村」を社会的共通資本として重視していることである。ただ、その際の「農業」は「農の営み」という考えで、人間が生きてゆくために不可欠な食料を生産する人々が、自己疎外ではなく自らの人格的同一性を維持しながら自由に生きていること、農村では人々が自然との調和を保ちながら自然環境の保全に寄与していることを強調しているが、これは前述したミルの生活理念とも共通した意見である。さらに林業が社会的、自然保全的役割を果たしていることを指摘しながら、それが農業・農村の社会的共通資本としての特徴であるとしている。

(2) 社会的共通資本としての協同組合

宇沢氏が「農業・農村」を社会的共通資本としている理由は前述したが、「医療」については市民の健康を維持し、疾病・傷害からの自由を守るためのサービスを提供すること、また「金融」についてはアメリカの1933年銀行法に関連し、銀行がその経営に社会的な基準を設けて本来果たすべき機能を十分に発揮することが一国ないしはある特定の地域の経済活動が円滑に機能し、人々が安定した生活を営むために必要なことを指摘したうえで、社会的共通資本としている。

ここで例示した「農業・農村」、「医療」、「金融」には、前述した所有形態からいえば「私的所有」の分野が多い。それにもかかわらず社会的共通資本としている理由は、私有ないし私的管理であっても社会全体にとって共通の財産として、所有形態の如何にかかわらず社会的な基準にしたがって管理、運営されており、またその必要があるからである。

ここで示されている理念は協同組合についてもいえることである。協同組合は本来的には組合員＝個人による私的な組織であるが、同時に協同により組合員の生活向上と権利の拡大のほか自由、平等、公平で倫理的価値を重視した社会の実現を目指す組織でもある。この協同組合の価値と原則は社会的共通資本の理念と共通しており、したがって農協についても総合経営の特徴を活かし、地域活性化のインフラとしての役割を果たすことが期待されているのである。

宇沢氏はフランソワ・ケネーの「経済表」が経済を人間の肉体にたとえて、一国の経済循環のメカニズムを図式化したことを取り上げて、「ケネーは経済学の始祖」であると述べているが、これは賀川豊彦氏が7種の協同組合を示しながら、人体機能に例え協同組合を評価したことに通ずるものである(5)。またコモンズや日本の入会の制度についても、自然環境の概念を拡大して社会的共通資本という、より包括的な概念範疇での分析が必要であるとしている(6)。これも宇沢氏の「競争」ではなく「協同」重視の思想の表れであるが、それは協同組合を社会的共通資本と考える要因を示しているものといえる。

いずれにしても宇沢氏の社会的共通資本とミルの「停止状態」の理論は、ともに協同組合は経済学の理論上の重要問題であることを示すものである。これは協同組合を現代資本主義経済体制のなかに総合的に位置づけ、その在り方に直接かかわる組織として経済学上での検討が求められていることを意味しているが、換言すれば現代社会における協同組合の機能・役割の重要性を示すものであるともいえる。

（注）

（1）杉原四郎著『J・S・ミルと現代』（1980年4月　岩波書店）79～80ページ。

（2）ミル『経済学原理（四）』末永茂喜訳（1971年5月　岩波書店）109ページ。共同組織・協同組合関係も含め以下とくに断らない限り引用は同書によるが、その都度の表記は省略する。

（3）宇沢弘文著『社会的共通資本』（2000年11月　岩波書店）21ページ。以下とくに断らない限り「社会的共通資本」に関する引用は同書によるが、その都度の表記は省略する。

（4）宇沢弘文『人間の経済』（2017年4月　新潮社）37ページ。

（5）宇沢弘文著『経済学の考え方』（1989年1月　岩波書店）19ページ。

（6）宇沢弘文『宇沢弘文の経済学』（2015年3月　日本経済新聞出版社）179ページ。

第7章　協同組合の価値・原則と現代的意義

協同組合には重要な機能と役割が期待されているが、ここではそれを考えるうえでも必要な国際協同組合同盟の決定と協同組合原則を中心に、その特徴と意義について検討する。

1　1995年ICA大会決定の特徴

1995年にイギリスのマンチェスターで開催された国際協同組合同盟（以下「ICA」）100周年記念大会（以下「1995年記念大会」）で協同組合の定義、価値、原則が決定された。そのうち定義については次の通り規定している(1)。

「協同組合は、共同で所有し民主的に管理する事業体を通じ、共通の経済的・社会的・文化的ニーズと願いを満たすために自発的に手を結んだ人々の自治的な組織である」

この定義の重要な特徴は協同組合は民主的に管理された「事業体」であると同時に、自発的に参加した人々の自治的な「組織体」でもあることである。この「事業体」であると同時に「組織体」でもあるという特徴は、労働組合や政党など他の組織には見られない協同組合の注目すべき特徴である。

例えば労働組合は資本主義経済のもとでの「経済的弱者」である労働者の組織で経営者と労働条件などについて交渉するが、特別な場合を除きその目的を実現するため事業を行うことはしない。政党も同じで一定の理念で組織を構成してもそのための事業を行うことはない。しかし協同組合は「事業体」であり「組織体」でもあるので、この両者を一体化してその理念の実現を図ることができるのである。

この特徴は理念を実現するうえでは協同組合の有利性を示しているが、それ故にこの両側面を正しく統一した運営が大切なことも意味する。具体的にいえば「事業体」としては協同組合も市場経済の下で他企業と競争しながら、効率的に事業を営む必要があるが、その際でも協同組合原則に基づき一般企業と同じ利益最優先の運営をしないことであり、「組織体」としては組合員の自主性・自立性を基本にすべきことである。

また価値については次の通り規定している。

「協同組合は、自助、自己責任、民主主義、平等、公正、そして連帯の価値を基礎とする。それぞれの創設者の伝統を受け継ぎ、協同組合の組合員は誠実、公開、社会的責任、そして他人への配慮という倫理的価値を信条とする」

これは前半と後半の二つに分けることができ、前半部分は自発的意思で参加した組合員の個人としての基本的な在り方を、そして後半部分は組合員としての他者に対する社会的な在り方を示している。こうした組合員意識は自然に創られるものではなく、弛まぬ自己研鑽と協同組合としての組織的な教育・研修が不可欠で、協同組合原則で教育が常に重視されるのはそのためである。

なお、後半部分で創設者の伝統を受け継ぐことも明記されていることは、協同組合には多くの先覚者とその貴重な経験があり、現在の組織、事業にもその思想と実践の長い歴史が刻み込まれているので、それを十分に認識した取り組みが重要なためである。本書で先覚者の思想とその特徴を検討したのも同じ理由からである

2　協同組合原則の発展と特徴

(1) ICA大会における改定内容と経過

1995年記念大会では新しく協同組合原則が決定されたが、この原則の具体的な内容は協同組合の世界的な発展とともに変化してきた。現在の協同組合原則を正しく理解するうえでもこれまでの経過を知る必要があり、そのために示したのが表

表7-1　ICA協同組合原則の変遷

第15回大会（パリ）	第23回大会（ウイーン）	1995年記念大会（マンチェスター）
6．現金取引		
3．利用高配当	4．剰余金の配分	3．組合員の経済的参加
4．出資金利子制限	3．出資金利子制限	
7．教育促進	5．教育促進	5．教育・訓練および広報
2．民主的管理、一人一票	2．民主的管理	2．組合員による民主的管理
1．加入・脱退の自由・公開	1．公開	1．自発的で開かれた組合員制
5．政治的・宗教的中立		
	6．協同組合間協同	6．協同組合間協同
		4．自治と自立
		7．コミュニティへの関心

（資料）「21世紀を拓く新しい協同組合原則」112ページから引用。

7―1である。

はじめにこの表から協同組合原則の変遷の特徴についてみると、大会決定により具体的な名称は異なるが、公開による組合員制、民主的管理、組合員の経済的参加および教育は各大会を通じて常に掲げられていることである。もちろん協同組合原則の重要性については順位があるわけではないが、7原則が決定された第15回大会（パリ）では1〜4は「あらゆる協同組合が守るべき基本的原則」であり、5〜7は「国々の協同組合で実践されているが国際協同組合同盟の加入条件ではない」とされていた(2)。その後協同組合原則も世界的な政治的・経済的情勢の変化に応じて改定されているが、この柔軟性は協同組合が未来社会のあるべき姿に対応できる潜在的可能性を示しているということもできる。

(2) 協同組合原則と現代における意義

この改訂経過を踏まえ個々の原則の特徴について検討する。第1に指摘したいことは、「教育」はパリ大会では「基本的原則」ではないとされたが一貫して重視されていることである。協同組合で「教育」が重視される理由は、「経済制度を協同組合原則を基礎にして再編成する取り組みには、個人企業や国家企業のいずれとも異なった訓練」が必要なためである。しかもこの「訓練」は「自己繁殖するものではなく育成されるもの」なので、協同組合自身の利益と存続のためにも「教育」が必要なのである。

また、協同組合運動の前進にはまだ参加していない人々に協同組合の理念を受け入れさせる必要があるが、その過程は「闘い」でもある。こうした理由から1995年記念大会では新たに「広報」が加えられたが、農協の准組合員や非組合員に対してもこの認識に基づいた対応が求められているといえる。

第2は第23回大会（ウィーン）で「協同組合間協同」が新しく付け加えられ、それが1995年記念大会でも引き継がれていることである。これは協同組合が持っている潜在力を完全に発揮するためには世界各国の協同組合が国際的に協同することと同時に、それぞれの国に存在する多様な業種の協同組合が協力・共同する必要があるからである。

現在、国際的にも国内的にも一部多国籍大企業が政治的経済的支配を強めその矛盾が顕在化しているが、この原則はその対抗軸として組合間協同を強め、価値・原則で規定されている機能と役割を果たすことを世界の協同組合に求めているということもできる。

なお、1895年のロンドンにおけるICA設立大会の重要議題は、国際協同組合同盟（ICA）と国際協同組合貿易機構の設立の二つであったように(3)、この協同組合間協同はICA発足当初からの重要な課題であったことを改めて認識する必要がある。

第3は「政治的・宗教的中立」が廃止されたあと「自治と自立」が新しく原則とされたことである。この中立原則が採用されたのは政治的・宗教的な意見の相違が協同組合運動に持ち込まれることを避けるためであったが、「中立」という言葉は「受動性および無関心」という含蓄をもっているため廃止されたのである。しかし現代の協同組合は国家、企業などと経済的、政治的に様々な関係をもつようになっているが、そこでは「自治と自立」を堅持することが重要なので、1995年記念大会では新たに原則とされたのである。

第4は1995年記念大会で「コミュニティへの関心」が新しく追加されたことである。これは先覚者をはじめその後の理論と実践においても、協同組合が最終的に目指す目標として「共（協）同地域社会」があったことは既に述べた。「コミュニティへの関心」はこの思想を現代社会の条件にふさわしい内容で示した原則であるといえる。

いずれにしてもその後ICAが示したブループリントでは、協同組合には経済、社会、環境に対する持続可能性や事業における有利性があるので、協同組合をもっと多くの人々に知ってもらい、広範な人々に参加機会を与える取り組みの強化を強調した。これは現在の協同組合（人）に課せられた国際的な課題である。

3　協同組合の「ユネスコ無形文化遺産」登録と意義

（1）登録内容の特徴

2016年11月、ユネスコはドイツからの提案に基づき、「協同組合において共通の利益を形にするという思想と実践」（以下「協同組合の思想と実践」）を無形文化遺産に登録することを決定した(4)。

この決定は世界の協同組合運動にとって重要な意味があり、今後わが国の協同組合でも重視すべき決定なのはいうまでもない。

その際大切なことは登録された意味と内容についての正しい認識である。この登録では多くの理由が掲げられているが、とくに協同組合の特徴について、コミュニティをベースに組合員は自発性に基づき全組合員の利益のために共に働いていること、目的実現に貢献するための組織として自助、自己責任、自己管理を原則とした信用と信頼を基盤としていること、社会的、政治的、宗教的、民族的なバックラウンドの相違にもかかわらずすべての人々に開かれており、しかも労働、金融、農業・食料、住宅、教育・文化、手工業、交通など生活の多様な側面に貢献しており、経済的側面だけでなく社会的・文化的目的ももっていること、が強調されている。

そして住宅協同組合、社会的協同組合、地区協同組合、スポーツ協同組合、女性協同組合、芸術家の協同組合など多様な協同組合がその良い例として掲げられている。それ故にその組織で活動している協同組合のメンバーは単なる経済人ではなく、「自信をもって社会を形づくる市民」なのである。

この内容は既に検討した協同組合の定義、価値、原則そのものが高く評価されたことを示しているが、ただ注意すべきは無形文化遺産に登録されたことは他と比べてただ優れているからではなく、その重要性に対する意識を向上させ文化の多様性を促進することが条件とされていることである。これは無形文化遺産の登録は協同組合を「過去の遺産」として閉じ込めるのではなく、その思想の具体化を目指し実践することを協同組合（人）に求めていることを示しているのである。

（2）ドイツが申請した背景

その上で改めて注目したいのはこの登録はドイツの申請に基づいていることである。その提案書はドイツ・ヘルマン・シュルツェ・デーリチュ協会とドイツ・フリードリッヒ・ヴィルヘルム・ライファイゼン協会の協同によるものであるが、こうした取り組み自体が広範で参加型のプロセスとして評価されたからである。現在ドイツでは3人以上の少人数で協同組合が自由に設立でき（EUは5人以上）、4人に1人が協同組合の組合員であり日常生活のさまざまな分野で重要な役割を果たしているといわれているが、このドイツの取り組みはドイツ国内だけでなく国際的にみても貴重な教訓を示しているからである。

例えば申請者の一つであるライファイゼン協同組合は「村のエネルギーは村のために」をスローガンに、地域に賦存する資源は地域振興のために活用することを目標に風力発電に取り組んでいる。この事業では参加者から事業資金を募っているが、その出資金には一定の配当金が支払われると同時に、発電用の土地を提供した者にはその地代も支払うので、地域組合員の所得の維持・向上に大きく寄与しており、それが組合員の結束を強める要因ともなっているという(5)。これは協同組合による地域の日常生活に直結したコミュニティをベースにしたエネルギーの地産地消の取り組みで、無形文化遺産の登録要件にも適う取り組みである。

こうした具体的な実践を背景にドイツは無形文化遺産登録を申請したが、しかし批准には長い時間がかかった。その理由はナチスの時代に習慣、文化などが政治的イデオロギーに利用された過去の歴史があったが、その「裂け目」を反省しこれに正しく対処するためであった。つまりドイツはナチスによる政治的利用の悲惨な経験があったため、改めて習慣、文化についての多くの議論を踏まえたうえで協同組合の価値を評価し、登録申請したのである。

現在わが国では農協・協同組合の解体にも通ずる組織再編政策が強められているが、世界的には協同組合に対する評価が高まり、運動も広まっているのである。したがってわが国もユネスコの無形文化遺産登録を契機にこうした政策を根本的に転換し、協同組合政策を基本政策の一つと位置付けた国政が求められているのである。

（注）

（1）以下大会決定の引用は『21世紀を拓く新しい協同組合原則』（1996年1月　コープ出版）による。

（2）『協同組合原則とその解明』（1967年4月　協同組合経営研究所）106ページ。以下原則問題は同書による。

（3）W・P・ワトキンズ著　二神史郎訳『国際協同組合運動史』（1979年9月　家の光協会）36ページ。

（4）以下ユネスコ無形文化遺産登録関係はとくに断らない限り協同組合研究誌〔季刊〕『にじ』（2017SUMMER　No.659　一般社団法人JC総研）による。

（5）2013年9月における実態調査。

第8章　協同組合による社会改革論の特徴と課題

これまで協同組合は組合員の要求だけでなく資本主義経済の改革も課題としていると述べてきたが、ここでは歴史的経過も含めその特徴と現代の課題について検討する。

1　空想的社会主義者の社会改革論

(1) エンゲルスの批判と特徴

エンゲルスはオウエン、サン・シモン、フーリエを空想的社会主義者として批判したことは周知のことである。その理由としてエンゲルスは、この3人は歴史的に生み出されているプロレタリアートの代表者として現れておらず、したがって先ずある一定の階級を解放しようとはしないで、直ちに全人類を解放しようとしたと指摘した。

しかしここで注目したいのは、エンゲルスは批判しながらもこの3人が空想的社会主義者となった要因を単純に個人の資質に求めるのではなく、当時の資本主義の発展段階に求めたことである。これはエンゲルスが「資本主義的生産の未熟な状態、未熟な階級の状態には、未熟な理論が対応した」とし、

「社会的な課題の解決は、未発達の経済関係のうちにまだ隠されていたので、…新しい社会大系は、ユートピアになるという運命をはじめから宣言されていた」と述べていたことからも明らかである(1)。

そしてエンゲルスは社会主義を目指した革命闘争を重視し、空想的社会主義者の側面に一刻もとどまれないとしていたが、そのエンゲルスが社会組織の完全な改革は自覚した少数ではなく、大衆の多数参加が基本であると強調していたことは注目すべきである(後述)。

(2) 平和的手段による社会改革―サン・シモンを中心に

この空想的社会主義者の社会改革には、暴力的ではなく平和的な手段による改革が共通して指摘できた。その特徴をサン・シモンについてみると、彼は「最大多数者に最も有益な社会」として産業者社会を提示し、「最も多人数の階級の精神的および物質的生活を、できるだけ速やかに、できるだけ完全に改善すること」を強調した。そのうえでこの社会は暴力的・脅迫的手段ではなく平和的手段により実現すべきであるとしたことは前述したが、その理由はこれは「神が人間の行動の規範として与えた原理」であるからであった(2)。

エンゲルスはサン・シモンが示した産業者社会は貴族、官僚、軍人などの旧勢力による抑圧的支配から産業者階級による管理への移行であるとして評価したが、サン・シモン自身はそれを「神が与えた原理」とし、産業者は平和主義者であり、平和的手段だけが堅固な体制を築くことができるからである。

「平和的手段、つまり論議、論証、説得という方法こそ（産業者社会での）公共財産の管理を貴族、軍人、法律家、不労所得者、役人たちの手から離させる……産業者たちが用いる、あるいは支持する、唯一の方法である」からであった(3)。

そしてここで指摘したいことは、平和的手段による社会改革はサン・シモンだけでなく空想的社会主義者に共通して指摘できたが、それは3人とも宗教に深い関心があったからであるということができる。この宗教心に基づく平和的手段は先覚者も含め協同組合（人）が「革命家」サイドから批判される理由にもなったが、宗教との関係が深い協同組合人は後にのべるアリスメンディアリエタなどにもみられるので、協同組合問題を考えるうえで興味あることである。

2　現代における社会改革と協同組合の課題

(1)　協同組合の価値と原則からみた特徴

現代は空想的社会主義者の時代とは経済的・政治的・社会的に大きく変化しており、したがって社会改革についてもそれに応じた対応が求められている。その際現在の協同組合にとって依拠すべき基本は、1995年のICA100周年記念大会決定である。既に述べたようにこの決定は協同組合を「事業体」であると同時に「組織体」でもあるとしたが、その「組織体」とは「共通のニーズと願いを満たすため自発的に手を結んだ人々の組織」なので、「事業体」の目的もこの人々の「共通のニーズと願いを満たす」ことにある。

つまり協同組合は「組織体」であると同時に「事業体」でもあるが、その組織・事業は特定された「組合員」が基礎であり、社会改革でもこの観点が求められることになる。これは不特定多数を対象とした政党などと異なるところで、国政上はもとより地域的な課題の改善・改革でもこの観点が協同組合に求められているのはいうまでもない。

ただ協同組合は自助、自己責任だけでなく民主主義、平等、公正、連帯、社会的責任、他人への配慮という倫理的価値を信条とする組織である。したがって協同組合（人）には「自らのニーズと願いを満たす」ことは「組合員（自分）だけ」を意味するのではなく、他者との信用・信頼を基礎とした「社会的なもの」であるところに重要な特徴があり、社会改革もこの理念に基づいた社会建設を目指した広範な人々との連帯した取り組みを意味しているのである。

（2）実態からみた特徴と課題—モンドラゴン組合の経験を中心に

それでは現代における協同組合は如何なることを基本に社会改革に取り組むべきか、その特徴はどこにあるのか。ここではその現代的な理念と具体的な内容を、協同組合の在り方を実践的に追求したモンドラゴン組合の取り組みを中心に検討する。

いうまでもなくモンドラゴン組合は、アリスメンディアリエタが理念的にも実践的にも主導して発足したスペイン・バスク地域の労働者協同組合である。その実践においてアリスメンディアリエタは、現代は最低限必要なものさえ欠いているプロレタリア大衆と巨大な富を蓄積している層との二つの階級に分割されていることを直視し、階級闘争を現代社会の一つの側面として認めていた。しかしそれは歴史的な錯乱の一側面であるとして、彼は階級闘争（ここでは暴力的革命）を克服するための第3の途を探求したのである(4)。

その特徴をアリスメンディアリエタの経験にも依拠しながら検討すると、次の4点に集約できる。モンドラゴン組合には地域的・組織的特殊性があり、その後ファゴール家電の倒産などいろいろな困難にも直面しているが、それにもかかわらずその理念と実践には現代の協同組合と社会改革を考える上で貴重な示唆があると思うからである（引用文献は「革命」としているが、ここでは「改革」と同じ意味で考える）。

その第1は「理想を失わないリアリズム」に徹することである。アリスメンディアリエタによると協同組合主義は、「人間のエネルギーの大きな解放と向上を決意するものであり」、プロレタリアートの経済的潜在力を通じて自由と社会正義を目指した闘争であるが、そのためにはあらゆる種類の抵抗や反対に対し、その原則への確信と忠実さが強固な基礎となることを強調した。そのうえで協同組合は犠牲と困難に満ちた一つの事業の実行であり成果を得なければならないことも併せて重視し、化石化したイデオロギーの中ではなく現実の中でこそ経験が触発されるとした。この「原則を堅持しつつも現実重視」

の思想は協同組合の基本的なあり方を示したものである。

第2は「日々の長期にわたる革命」が重視なことである。新しい社会の建設にはそれにふさわしい新しい責任ある人材の存在が不可欠である。そのためアリスメンディアリエタは「瞬間（暴力）的革命」ではその確保が不可能なので、協同組合主義者は「少しずつ、しかし休みなく」、「一歩ずつ、止まることなく」活動する必要があるとした。この「日々の革命」は組合の組織・事業だけでなく、資本主義思想が身にしみ込んでいる大衆の意識を改革するうえでも重要なことで、現代における協同組合の社会改革の基本理念であるといえる。

第3は「自主性・主体性の重視」である。アリスメンディアリエタはモンドラゴン組合の取り組みで、「人間は制度の基礎でありその逆ではない。鍵は協同組合にあるのではなく協同組合主義者にある」と述べ、協同組合人の自覚に基づいた主体的な取り組みが不可欠なことを強調した。ここで強調されていることは一般企業とは異なる協同組合の特徴を示したもので、それは組織・事業だけでなく社会改革でも常に求められていることである。

そして最後に強調したい第4は「多数者による改革」の重要性である。社会改革は本来的には一部少数の指導者ではなく多数者が参加した運動が基本であるが、協同組合の価値と原則は「多数者による改革」のための最もふさわしい理念を示している。アリスメンディアリエタも協同組合が実践を通じて多数者の生活に効果をもたらし、改革への参加意識を強めることを強調し、保守主義者も進歩主義者も改革派も革命派も、共存し補完し合うような中立の原則をもつ協同組合の果たす役割を重視し期待もしていたのである。

3　現代社会の改革と協同組合の課題

(1) 多数者参加による改革

前述した4点は「(主権者の) 主体的参加を基本とした多数者改革」と集約できるが、これは協同組合だけでなく現代における社会改革に共通して指摘できる基本的なあり方である。それは少数者主導の改革は一時的には成功しても長期に維持できないが、国民の多数者が自覚的に参加した改革はその成果を維持・継続することが可能だからである。当然この改革は一揆的な行動により瞬時に達成されることではなく、日々の長期にわたる多数者に対する意識改革のための宣伝、組織化などへの取り組みが不可欠なことを意味する。

このことを強調する理由は、現在、わが国では労働者だけでなくこれまで見られなかった多様な市民が政府の政策に反対した運動に参加し、「国会での安定した過半数」による国政革新が現実的な課題となっているからである。これは保守や革新、あるいは目指す社会の在り方に意見の違いがあっても、当面する課題では多数者による一致した改革運動が可能なことを示しているが、この運動の基礎的な理念は前述した4点にあるといえる。

こうした現在の情勢を考えると、これまで述べたことからも明らかなように協同組合もその理念と価値・原則を徹底することにより、この国政革新を目指した「多数者改革」の一翼として参加できる可能性があり、またその必要性も高まっているといえるのである。したがって協同組合（人）には政府の農協・協同組合の再編政策に対抗するうえでも、そうした認識に基づき多様な組織と連携した取り組みの強化が求められているのである。もちろん協同組合は「組合員の組織」なので組合員本位の取り組みが基本であるが、協同組合原則に基づき組織・事業を改革するうえでも、こうした「社会改革運動の一翼」としての認識と取り組みが重要なのである。

(2) 社会改革と協同組合の課題

これまで述べたように、現在、協同組合には「社会改革運動の一翼」としての新たな認識が求められており、客観的にもその必要性も高まっているが、しかしそこには理論的にも実践的にも軽視できない重要な問題がある。それは協同組合は「(小さな理想主義で) 資本主義の大海の一滴にすぎず、たちまち大海に飲み込まれてしまった」[5] という批判に如何に応えるかという問題である。

マルクスはイギリスの工場制工業の災害やロッチデール地域の協同組合工場の実態を調査し、「(協同組合は) 資本にたいする労働の隷属にもとづく、窮乏を生み出す現在の専制制度を、自由で平等な生産者の連合社会という共和的制度とおきかえることが可能だ」と協同組合を評価していたが（傍点マルクス）(6)、他面では協同組合がその理念を実現するためには、「全般的な社会変革」と連帯した運動が必要なことを強調していた。

この意見の特徴の一つは協同組合がその価値と原則を徹底することにより資本主義制度を改革できる可能性があることと、いま一つはそのためには多様な組織と連携した「全般的な社会改革」への取り組みが必要である、とした2点にある。この二つは社会改革だけでなく協同組合の取り組みすべてに共通して堅持すべき観点であり、いわゆる協同組合主義者との分水嶺ということもできる。

マルクスは社会主義革命による資本主義の変革を目指していたので、彼がいう「全般的な社会変革」は社会主義を目指した革命運動を意味するが、現代では前述したような国政改革を目指す多様な組織による多様な運動を意味し、それとの連携が求められているのである。

いずれにしてもこのことを強調するのは、わが国の産業組合の歴史からもいえるからである。周知のように、政府は１９３２年から農山漁村経済更生計画を実施し、産業組合はその中心的な実施組織とされた。そのため産業組合自ら「拡充５カ年計画」（第１次）を決定し、ライファイゼンと比較しわが国では相互協同の観念が低いので、組合員意識を高め協同組合らしい相互扶助機関としての自立を強調し、組織拡大に取り組んだ。しかしそれにもかかわらず１９４３年には農業団体が設立され、産業組合も「皇軍感謝決議」をして協同組合に幕を閉じた。それは「拡充５カ年計画」の決定から僅か11年後のことであった。

これは戦時体制下のことで産業組合だけが戦争に協力したわけではないが、マルクスが指摘したように、「全般的な社会変革」と結びつかない協同組合主義者による理念の強調だけでは、国家権力の支配を許したことを示す歴史的な事実である。そしてこのことを改めて強調するのは、最近、政府は農協・協同組合への不当な介入を強めているが、これは戦前の農業団体への「非農民的支配」と同様極めて危険なことで、農協も「全般的な社会変革」運動と連携して闘わないと、解体の危険があることを産業組合の歴史が教えているからである。

（注）

（1）エンゲルス「空想から科学への社会主義の発展」（全集　第19巻）191ページ。
（2）サン・シモン著　森博訳『産業者の教理問答』（2001年6月　岩波書店）244ページ。
（3）同上。18ページ。
（4）ホセ・アスルメンディ著　石塚秀雄訳『アリスメンディアリエタの協同組合哲学』（1990年5月　みんけん出版）184ページ。なお以下の説明もその都度表示しないが同書による。
（5）W・Z・フォスター著　インターナショナル研究会訳『三つのインターナショナルの歴史』（1957年12月　大月書店）13ページ。
（6）マルクス「国際労働者協会創立宣言」（全集　第16巻）194ページ。

第9章　地域再生の課題と協同組合
――農村・農協を中心に

現在わが国では地域社会は崩壊の危機に直面しており「地方消滅」も論じられているが、ここでは農村・農協を中心にこの地域の再生と協同組合の課題と方向について検討する。

1　農村の混住化と農業者の階層分化

農村地域の再生を検討する場合まず指摘したいことは、近年混住化が著しく進んでいることである。その実態を示したのが**表9―1**で、2005年における農業集落の地域別混住化割合（農業集落の総世帯に占める農家以外の世帯の割合）である（調査対象集落数11万900）。

この表から明らかなように、全国平均では混住化割合が50％以上の農

表 9-1　農業集落の混住化割合

（単位：%）

区　分	計	混住化なし	1～2割	3～4	5～6	7～8	9割以上
全　国	100.0	1.6	15.2	18.5	21.5	22.6	20.6
都市的地域	100.0	0.1	3.2	5.7	12.5	25.0	53.6
平地農業地域	100.0	0.9	12.3	19.9	25.7	26.1	15.2
中間農業地域	100.0	2.0	20.3	21.7	22.8	20.3	12.9
山間農業地域	100.0	3.4	22.4	23.3	21.6	18.8	10.5

（資料）「農村集落調査結果概要―2005 年農林業センサス付帯調査―」（農林水産省）

業集落、つまり非農家が世帯総数の半分以上を占めている農業集落は65％となっている。これを農業地域別にみると都市的地域では実に91％が非農家世帯で、以下平地農業地域67％、中間農業地域56％、山間農業地域51％と地域別に大きく異なっているが、山間農業地域の農業集落でも世帯の半分以上が非農家である。しかも現在、若者の農業とその関連事業を求めた移住が増加する傾向にあるので、農村の姿もさらに変化するものと予測される。

一県一農協をはじめ広域合併農協の多くの管内には農村地域、都市地域、中山間地域が存在するので、地域の多様化に対応した組織運営や事業実施は、既に農協の現実的な課題となっているのである。

農村におけるいま一つの特徴は階層分化が進み、農業者・経営体の多様化が進んでいることである。既に兼業が深化し専業農家の33％に対し兼業農家は67％となっており、販売金額でみても「販売なし」が10％、50万円未満が34％となっているが、その一方では1億円以上の農家も実数は僅かであるが増加している。また経営規模も格差が拡大しており、経営体別でみても従来主体であった家族経営が減少し、法人も含めた組織経営体が増加していることが最近の特徴である（数値は２０１５年農林業センサス結果）。

このことは農家の農業依存度にも大きな格差があることを示しているが、圧倒的に多い農業依存度が低い第2種兼業農家は非農家に近い特徴があるのはいうまでもない。したがって今後の農村再生では混住化と併せこうした農家の階層分化に即した取り組みが求められているが、ここでは主として混住化問題を中心に検討する。

2　混住化に伴う地域課題と農協の取り組み

(1) 多様化した地域課題と連携強化の重要性

農協が農村再生に取り組む場合、まず問題となるのは農業生産者の組織であり農業生産力の増進を目的としている農協として、混住化問題に如何に対応するかであるが、そこで重要なことは、農協が農業生産力の発展に取り組むことと混住化の深化に対応し地域住民の多様な課題に取り組むこととは本来的には矛盾しないとの認識である。それはこれまで述べた先覚者の共同社会思想や協同組合の価値・原則などからだけでなく、わが国の協同組合の歴史からみても、もともと当然なことなのである。

周知のように、産業組合は農民だけでなく商工業者も組合員になることができたので農村協同組合ともいわれたが、それは欧米などとは異なるわが国の風土的・社会的な条件があったからである。そして現在もわが国のこの条件は基本的には変わってはいない。

したがって改めて指摘したいのは、この産業組合の歴史を認識したうえで、現在の状況に即し農業生産とともに地域住民の多様な課題に取り組むことが農協に求められていることである。実際多くの農協では食農教育をはじめとする生活文化活動、医療・介護・福祉、直売所・市民農園の開設運営など、多様な地域住民対象の事業を行なっている。また、東日本大震災では被災地農協はもとより全国の農協は一体となって緊急物資の供給、義損金募集、医療班や災害復旧ボランティアの派遣などに取り組んだ。その結果、改めて協同組合への認識と地域活性化のインフラとしての役割に期待が高まり、また、災害対策を課題として掲げる農協もみられるようになっている。

いうまでもなくこうした課題は農業者だけでなく地域住民との協力・共同による取り組みが不可欠である。近年多くの農協で准組合員を運動のパートナーと位置づけた取り組みが強まっているのもそのためである。神奈川県・秦野市農協は准組合員およびその家族を対象として「組合員基礎講座」を実施しているが、非組合員も含め地域住民を対象とした多様な取り組みを行う農協が増加している。農業生産の発展と地域経済の活性化を図るためにも、近年組織化が進んでいる地域運営組織への対応も含め、農協には広範・多様な住民との連携を強化していくことが求められているのである。

この協同組合による多様な住民と協同した地域づくりは、1995年ICA100周年記念大会で新しく「コミュニティへの関心」が協同組合原則とされたため促進されているが、2016年11月に協同組合がユネスコの無形文化遺産に登録されたことは、この地域住民と連携した活動をさらに発展させることになるものと思われる。

(2) 多様な課題への対応と社会的協同組合

協同組合の多様な課題への取り組みを考えた場合、これまでとは少し観点は異なるが社会的協同組合にも注目する必要がある。韓国でも新しく「営利を目的とせず脆弱階層に社会的サービスや仕事場を提供する組合」を社会的協同組合としているが(1)、最も注目されるのはイタリアの社会的協同組合である。イタリアでは「生きにくさ」を原点に、切実な暮らしと労働の要求に応え、公的サービスを行う自助的な組織として社会的協同組合が生まれている。この協同組合は活動領域も多岐にわたり、身体的・知的障碍者、高齢者へのサービスを中心としながらも社会的マイノリティ(虐待を受けた子供、移民、薬物依存者、服役者など)を対象とした事業への取り組みもみられるのである(2)。

わが国の農村も混住化が進み住民構成も多様化・複雑化しているが、最近における経済的・社会的格差の拡大を反映し、これまであまりみられなかった生活困難者や「生きにくさ」への対応が既に現実的な課題となっている。したがって現代のこうした多様な課題に対応するうえで、わが国においてもイタリアの社会的協同組合の経験に学びながら、協同組合組織の在り方の検討も求められているといえる。

3　地域資源を活かした農村再生の重要性と課題

(1)「外来型開発」と効率優先政策の実態

これまでは混住化への対応を中心に述べたが、これは従来の農村振興の政策理念とその手法の根本的な転換が必要なことを意味する。周知のように従来の政府の農村振興政策は基本的には外部からの企業導入による「外来型開発」であった。そして2017年通常国会で農村地域工業等導入促進法(以下

「農工法」の改正や地域未来投資促進法が制定されたことからも明らかなように、そこには「国の基本方針に基づき策定した都道府県・市町村計画」を支援するという、国主導の従来型政策理念が依然として継続されているのである。しかしこうした国主導の効率を優先した「外来型開発」では、農村地域の真の振興にならないことは農工法の経過からも明らかである。

さらに、日本創成会議が示した「地方消滅」報告では、このままでは自治体の約50％の896が「消滅可能性都市」になるとして、その市町村名まで明記し、広域ブロック単位による「地方中核都市」構想を提起している。そこではこの「地方中核都市」に各種サービスを集中するとしているが(3)、これではサービスが集中する中核都市への人口移動が政策的・強制的に促進されるので、その結果サービスが低下した周辺地域の過疎化が一層進むことになる。わが国では少子高齢化により今後人口が減少するが、このためとくに農村地域では過疎化が深化するものと予測されている。そうした情勢下で示された「地方中核都市」構想は「地方創生」政策ではなく、まさに「地方消滅」政策といえるのである。

政府は「地方創生」や「地域共生社会」を掲げ、情報支援、財政支援、人的支援により「まち・ひと・しごと創生」による地域の活性化を図るとしているが、その本質は効率化と財政最優先の地方切り捨てで、基本的には日本創成会議の報告と変わるところがない。

(2)「内発的発展」による持続的な農村再生

したがってここで強調したいことは、従来の「外来型開発」を基本とした政策を転換し、地域に賦存する自然的、文化的、人的などの多様な諸資源を活用した「内発的発展」による再生が求められていることである。地域資源の多くは移動不可能で常に利用可能なだけでなく地方住民、とくに農村に多い高齢者は自分が生まれ育った故郷を去ることに強い抵抗感があるので、「内発的発展」による農村再生こそが今後取り組むべき課題である。こうした地域資源を基礎とした生産、流通、消費は循環型経済による地域の自立的発展を促進するのはいうまでもない。

そしてここで強調したいのは、こうした地域再生への取り組みには既に多くの実例があることである。木の葉を「いろどり」として商品化している徳島県・上勝町などの例はもとより、中国山地の「里山資本主義」もその一つである。中山間地といえば生産・生活上の困難が多いが、見方を変えれば人間が生きるために必要な水と食料と燃料が豊富に存在している地域である。しかも前述したように資源の多くは移動不可能でそのまま有効活用ができるので、条件不利地域とみなされている中山間地域こそ新しい発展の可能性があるといえるのである[4]。

また「生き残りを懸けた攻めの戦略」で地域再生に挑戦している島根県・海士町の例がある。この海士町は隠岐諸島にある人口約2300人の海と農地と森だけの小さな町である。目立った産業もないこの小さな自治体で、「攻めとは地域資源を活かすことである」とし、「島まるごとブランド化で地産地商」（傍点筆者）をスローガンに、「さざえカレー」、「島生まれ、島育ちの隠岐牛」、「海士乃塩」などのヒット商品を作り出している。この結果Uターン、Iターンの移住者が多く、高校も廃校の恐れがなくなるだけでなく学級数が増加し、子育て世代の移住も多いので子供も増加しているのである(5)。さらに2015年の農業産出額を全国市町村別にみると、上位20位のうち8市は総面積の過半が中山間地で、条件不利地域を多く抱えながら畜産や果樹を中心に高い生産額を確保しているのである(6)。

なお近年わが国でも再生可能エネルギーに取り組む市町村もみられるが、ドイツでは風力だけでなく家畜糞尿を利用したメタンガスやバイオマス発電により地域のエネルギー需要に応えた取り組みもある。前述したようにこうした再生可能エネルギーの地産地消は農業生産を含めた地域経済の発展に寄与しており、わが国における小水力発電の経験も含め、今後重視すべき政策である。

いずれにしてもこれまで述べたことからも明らかなように、農村再生で重要なことは、「地元の技術・産業・文化を土台に、地域住民が学習・計画・経営すること」による「内発的発展」である(7)。そしてこの「内発的発展」こそが住民の創意工夫と共同意識を強め、困難を克服する力となり、真に地域を再生することになるのである。

4　農村再生と農協の課題

いうまでもなく農村地域の再生には基幹産業である農業、漁業、林業の健全な発展が不可欠である。したがって農協としても農業政策の改善・改革を含め、この基幹産業の発展に取り組むことが求められている。今回の農協法「改正」で「農業所得の増大」をわざわざ強調したがそこには重要な問題があることは既に述べた通りである。ただ、農協はもともと「農業生産力の増進」と「農業者の経済的社会的地位の向上」を目的（農協法第1条）とした組織である。したがって農協が地域の農業対策に取り組むのは当然であるが、農村地域の基幹産業に対する取り組みを疎かにした地域の再生はありえないので、この課題と混住化に対応した多様な地域課題重視とは矛盾するものではない。この二つは本来的には統一した課題なのである。

ただ前述した内発的発展の例では農協の取り組みがあまりみられず、全国的にみても必ずしも多くはないのが実態である。しかし困難があるとはいえ、地域に所在する農協としては多様な組織との連携を強め、「農村再生」を協同組合本来の課題と位置づけた取り組みが求められているといえる。

（注）

（1）『共済総合研究　74』29ページ。

（2）田中夏子『イタリア社会的経済の地域展開』（２００４年10月　日本経済評論社）71ページ。

（3）ここで述べた詳細については増田寛也編著『地方消滅』（２０１４年8月　中央公論新社）を参照されたい。

（4）藻谷浩介、ＮＨＫ広島取材班『里山資本主義』（２０１３年7月　角川書店）１２０～１２２ページ。

（5）「新世紀ＪＡ研究会第12回セミナー」（２０１２年６月）における海士町長山内道雄氏の報告。
（6）「平成28年度　食料・農業・農村の動向」58～59ページ。
（7）保母武彦『内発的発展論と日本の農山村』（１９９６年８月　岩波書店）１２４～１２５ページ。

第10章　安心・安全な食料の安定供給と協同組合

安心・安全な食料の安定供給は国政の重要課題の一つである。ここではその食料問題における協同組合の役割について農協を中心に検討する。

1　低下する農業の地位と食料自給率

食料の安定供給は農業政策の基本問題である。その検討のために掲げたのが表10―1で、国民経済における農業の地位と一般会計予算額に占める農林水産関係予算の動向を示したものである。この表の重要な特徴は、とくに1980年代以降国内における農業の地位が著しく低下していることである。1980年度の農業総生産は6兆3770億円で国内総生産に対する割合は2・6%、農林水産関係予算は3兆1084億円で国家予算額に対する割合は7・1%であった。しかしその後この割合は著しく低下し、2014年度では前者は1・0%、後者は1・9%を占めるに過ぎない。

このうち農業総生産についてみると1990年度の8兆3790億円を頂点に、それ以降は国内総生産に対する割合だけでなく絶対額も減少し、２０１４年度では4兆７７２０億円で１９９０年度の57％に過ぎない。この農業総生産の絶対的減少が食料自給率の低下となっているが、それは農政基調の変化が要因なのはいうまでもない。

その基調変化を農林水産関係予算でみると、表からも明らかなように、１９７０年度は国家予算の10・８％を占めていた。それは70年代ではこの割合の10％維持が与党も含め農政上の重要課題とされていたためで、そのことが必要な農業対策の実施を可能にし、輸入拡大政策にもかかわらず食料自給率を60％台に維持できた要因の一つであった。

しかしとくに80年代後半になると、ガットURなどグローバル化に対応し農業の効率化と農林水産関係予算の縮減合理化が強化され、農業総生産の絶対的低下が促進され現在に至っている。このため食料自給率も低下しているが、２０１6年度は生産額ベースでは上昇したがカロリーベースではさらに1ポイント低い38％となっているのである。

表 10-1　農業の地位と食料自給率の動向

（単位：％）

年度	国民経済における農業の地位（10 億円）			一般会計予算額（億円）			食料自給率（カロリー）
	国内総生産①	内農業総生産②	②／①	国家予算額③	内農林水産関係④	④／③	
1960 年	16,681	1,493	9.0	17,652	1,386	7.9	79
1970 年	73,345	3,215	4.4	82,131	8,851	10.8	60
1980 年	242,839	6,377	2.6	436,814	31,084	7.1	53
1990 年	442,781	8,379	1.9	696,512	25,188	3.6	48
2000 年	509,860	6,829	1.3	897,702	28,742	3.2	40
2010 年	482,677	4,769	1.0	967,284	19,018	2.0	39
2014 年	486,939	4,772	1.0	990,003	18,662	1.9	39

（資料）「食料・農業・農村白書　参考統計表」

2　国内農業生産が基本の食料の安定供給

（1）法律で定められている国の「責務」

いうまでもなく国民に対し安心・安全な食料を安定的に供給することは、食料・農業・農村基本法でも規定されている国の「責務」で、法律でも輸入・備蓄と組み合わせながらも国内の農業生産の増大を図ることが農政の基本とされている。それにもかかわらずこの「責務」が疎かにされ、耕地面積の減少や担い手不足など国内農業の生産基盤の縮小と崩壊が促進されている。そしてその一方では遺伝子組み換えやゲノム編集による遺伝子操作された作物・動物・食品の輸入が増大しているが、種子法の廃止などによりこれが一層促進され、安全な食料の安定供給崩壊の危険性が高まっているのが実態である。

前述したように2016年度の食料自給率（カロリーベース）は6年間続いてきた39％がさらに1ポイント低下し、38％となった。政府はその要因として米の消費減少や北海道の大雨による畑作物の不作を掲げているが、それが真の要因ではない。それは2015年3月に自給率目標50％を「実現可能な目標」として45％への引き下げを閣議決定しながら、何ら対策を講じてこなかった政府に最大の責任があるのはいうまでもない。

このことは政府が示した「食料自給率・食料自給力について」（平成29年8月）からも指摘できる。政府はそこで4パターンを示し、米・麦・大豆中心型（A、B）では推定エネルギー必要量（2147

キロカロリー）を下回るが、いも類中心型（C、D）では上回るとしている。現在の平時では考えられないいも類中心型を示して必要エネルギーの確保が可能だとするのは国民を欺くもので、現状に即した食料対策を提示すべきなのはいうまでもない。

イギリス、ドイツ、フランスなどのEU加盟国の自給率（穀物）は高いが、純所得に占める補助金が高い割合を示しているように（1）、その背景にはEUの政策に基づきそれぞれの国で実態に応じた農業生産の振興対策が実施されているからである。

（2）国による法律の遵守と農協の役割

表示はしていないがここで改めて農業就業者と耕地面積について最近の動向（1995年に対する2014年の割合）をみると前者は55％、後者は90％に減少し、しかも農業就業者では65歳以上の割合は44％から64％に高まっている。これは最近の20年間で農業生産の基礎的基盤が著しく脆弱化したことを示しており、農業総生産額の減少もそれを反映した結果なのはいうまでもない。したがって国民の食料を安定的に供給していくためにまず必要なことは、国として法律を遵守し、国内農業生産増大政策を「責務」として実施することである。これは前述したEUの実態からも重視すべきことである。

そのため農協としても、国が法律で規定されている「責務」を果たすように求めていく必要がある。それには各種審議会を蔑にした国政運営の改善などの農政転換が不可欠であるが、そのためには基本的には生産者・組合員の要求を結集した運動が必要である。それには農協としても、従来の農協農政に対する批判に応え、「自主・自立」原則に基づいた新たな運動体制を構築することが課題となる。

現在、農協・協同組合の再編により中央会制度も廃止され、このような運動展開が困難な状況にあるが、国民の食料を安定的に確保するうえでも、この困難を克服することが農協・協同組合に課された国民的な課題であるともいうことができる。

3　農協の具体的な取り組みの実態と課題

食料の安定確保はもちろん農協の重要課題でもある。ここではそのため重要と思われる課題の三つについて実例を中心に検討する。

(1)　家族農業を基礎に地域資源を活かした農業生産

静岡県・三ヶ日町農協は管内耕地の84％が柑橘園で、販売高に占める柑橘の割合もほぼ同程度で、組合員数２７４０人（内正組合員１６７１人）の未合併農協である（２０１５年4月現在）。

柑橘の中でもとくに青島みかんは柑橘販売額の4分の3程度を占め（２０１４年）、市場評価も高く三ヶ日農業と地域を支えている中心作物である。このため農協も最新鋭の光センサー選果システムの導入（２０００年度）や担い手への農地集積などを進め、みかんの生産性向上と品質改善に努めている。

とくに光センサーにより精度の高い糖度仕訳が可能となったため、それを基礎に単なる甘さやおいしさだけでなく健康機能にも着目するようにした。その結果三ヶ日みかんは「機能性表示食品」に登録され、新たな販路を開拓している。なお農協が未合併なのは青島みかんの「三ヶ日」の市場評価を維持するためである。

また高知県・馬路村は山林が96％を占める人口779人の高知県でも2番目に人口が少ない村で（2017年4月現在）、馬路村農協も組合員が604人の未合併農協である。ゆずは昔から村に生育していたが、試行錯誤のすえ商品化に成功し、現在では産地直送を主体に販売網を確立している。もちろんゆずの加工工場や子会社は雇用の創出確保にも大きな役割を果たしている。そのほか大分大山町農協の「ウメ、クリを植えてハワイへ行こう」などもあり、近年では生産物の販売だけでなく、加工など6次産業化による対応が共通して指摘できる。

そしてここで強調したいことは、地域に賦存する資源を最大限に活かした農業生産は家族農業を基礎にしてはじめて可能なことである。それはこれまで示した実例が何よりの証拠で、この内発性が生産者および関係組織の創意工夫を発揮させ、安心・安全な食料の安定供給を可能にする真の途なのである。なお、ここで示した実例の教訓は主に青果物であるが、米や畜産についても基本的には同じことがいえるのはいうまでもない。

（2）農協の協力・共同による広域的対応─ＪＡネットワーク十勝の例

十勝地域は北海道の東部に位置し耕地の99％は畑地と牧草地で、農家1戸当たり平均耕地面積は約43haである。この十勝地域の最も注目すべき特徴は合併ではなく、地域内24農協を基礎にネットワークを組織していることである。その理由は合併して事業量や資本金が大きくなってもそれだけでは問題が解決するわけではなく、各農協がそれぞれ自己責任と公平な責任分担を果たすことが重視されたからであった。これは「協同」と「競争」の二つの緊張とバランスを維持しながら事業の発展を目指すことでもある(2)。

このネットワークでは管内各農協の財務体質の強化、事業の効率化、組合員メリットの増大を基本とし、協同で北海道協同乳業（現在のよつ葉乳業）、馬鈴しょのでん粉工場、小麦の共同出資による農協サイロ株式会社を設置し、野菜でも品目別農協間協同事業などを実施している。これは大規模生産者主体の十勝地域の農協の特徴を示しているが、それには専門性が高い事業分野を補完する上で十勝農協連が重要な役割を果たしているのである。

このＪＡネットワーク十勝の例は十勝地域内の取り組みではあるが、その特徴は各農協が自主・自立を原則としながら相互の協同・連携を基礎に事業を展開しており、協同組合間協同の在り方の典型を示しているところにあるということもできる。現在、農産物直売所で各農協の特産物を相互に交換して販売する例も多くみられるが、今後は農産物販売だけでなく、ネット化も含め広域的協同組合間協同の強化による各種事業の展開も農協の課題である。

（3）現場における生産者・消費者の交流・提携―農産物直売所中心に

現在、全国で16816の農産物直売所があり、年間総販売額は8767億円となっている[3]。この設置数は大手コンビニの店舗数に匹敵するが、販売額でみても中心の生鮮食品や農産物加工品では大手スーパーに劣らない額となっている。しかもその運営主体をみると農協1901、生産者・生産者グループ10686、生産者組織（女性部・青年部）427、第3セクター450、地方公共団体203など、ほとんどが生産地に設置されているので、地域の活性化でも重要な役割を果たしている。

当然、運営主体により直売所の売場面積の規模、販売額、開店時間・品揃えなどの実態に大きな違いがある。また、地方公共団体や第3セクター主体は観光客が多く地元顧客割合は低いが、農協・生産者主体では地元顧客の割合が高い特徴がみられる[4]。こうした相違があるが、いずれの直売所もこれまで販売経験のなかった多様な農家の参加により販売農産物・食品も多様化し、地域の農業所得向上に寄与していることが共通した特徴として指摘できる。同時に直売所は消費者が求める鮮度・味の良さ・低価格の食料・農産物の供給にも応え、生産者と消費者の交流の場ともなっているので、消費者のニーズに応えた農産物・食料の生産や地産地消の拡大の上でも重要な役割を果たしているのである。

したがって直売所の存在は地域の活性化の上でも極めて重要であるが、ただその直売所においても出荷者の高齢化が進み、商品不足やそのための収益減少が経営上の課題となっている。このため高齢者の出荷支援が必要となるが、従業員不足のためそれもできず、結局は出荷者や出荷量が減少する傾向もみられるようになっている(5)。したがって農協も自治体などの運営主体と協力しその改善対策を講ずることが今後の重要な課題となる。

4　食料・農産物の輸入制度と課題

自給率が低いわが国では食料・農産物の輸入対策が重要な課題である。現在わが国の食料・農産物の輸入制度は業者が提出した輸入届出書を審査し、検査が必要なものについては食品衛生法、家畜伝染病予防法、植物防疫法に基づく検査（行政検査）を実施するが、別に輸入業者による登録検査機関や輸出国公的検査機関による独自検査も行われている。

２０１４年度についての検査実態をみると、毎年継続して輸入される物品は無検査なので届出件数に対する検査割合は８・８%で、うち行政検査は僅かの２・６%にすぎない。

つまりわが国の輸入制度は制度的には一定の規制があるがそれは建前で、実態はほとんど輸入業者や輸出国の独自検査をそのまま認めて輸入されているのである。しかも近年届出件数が増加しているがそれに応じた検査体制の整備が進んでいないので、制度的にはむしろ空洞化が進んでいるのである。したがってTPP11や日欧EPAなどにより今後食料・農産物の輸入が増加すると、それは食料自給率の低下だけでなく安全性にも直結するので、食料・農産物輸入制度の改善が必要である。なお現在一方では輸出拡大も強調されているので、今後は食料・農産物でも多国籍企業の対抗軸として、相互の食料主権を尊重しつつ国際的な協同組合間協同による貿易強化も求められているといえる。

(注)

(1)詳細については「EU加盟6か国における農業所得構造の比較」『農林金融』(2017年8月)を参照のこと。
(2)以下十勝の内容は高田啓二稿「JAネットワーク十勝の取り組み」『JC総研レポート/2012春』および農協研究会第22回研究会(2015年4月18日)での帯広かわにし農協代表理事組合長　有塚利宣氏の報告。
(3)農林水産省「産地直売所調査結果の概要」(2009年度調査結果)。
(4)折笠俊輔稿「農産物直売所の特徴と課題―既存流通との比較から―」(『流通情報』2013)。
(5)「日本農業新聞」(2018年2月10日)

第11章　医療・保健・福祉事業と協同組合

1　産業組合・農協の医療事業の特徴と経過

（1）産業組合の医療事業の特徴

１９００（明治33）年に制定された産業組合法は信用、販売、購買、生産の４組合とし、しかも制定当初は信用組合と他の組合との兼営が認められていなかった（６年後兼営承認）。そのうちの生産組合も組合員が生産した「物」の「加工」と「使用」を行うもので、医療にかかわる規定はなかった。しかし１９１７（大正６）年の法改正で「物の使用」が「設備の利用」とされ、さらに生産組合は利用組合となり、設備の利用には生産施設だけでなく消費経済施設（住宅、浴場、水道など）や病院も含めるように改善された。

これを契機に島根県・青原村の組合が医療事業を開始するなど、自然発生的に広まっていた町村組合の医療事業はさらに促進されたが、産業組合も利用事業規定に「医療設備を加えること」などを大会で決議した。政府は１９３２（昭和７）年の農山漁村経済更生計画で「医療施設等の普及充実」を掲げ、産業組合も同年決定した「拡充5カ年計画」（第1次）では、利用事業について「医療設備その他の必要なる経済設備をなすこと」を明記したのである。

こうした取り組みの結果、医療利用事業を兼営した組合は1935（昭和10）年までに34組合あり、以降は広区域医療利用組合の連合会への改組も進んだ。また、国民健康保険法については産業組合も参加した多様な組織による医療社会化運動も展開されたのである。しかしそれにもかかわらず戦時体制が強化されると政府の支配が強まり、産業組合は1943（昭和18）年に「皇軍感謝決議」をし、その幕を閉じたのである。

（2）農協医療事業の特徴と新たな展開

戦後、農協法の制定とともに既に1948年に全国厚生文化農協連（以下「厚生連」）と日本文化厚生農協連（以下「文化連」）が設立され、全国厚生連では会員数32、病院数152、診療所数292に達していた(1)。しかし制定当初の農協法の事業には「医療」に係る規定がなく、1954年の法改正でようやく事業として「医療に関する施設」が具体的に明記されたが、このように本法に規定されたところに産業組合とは異なる農協医療事業の重要な特徴がある。

ただ改めて発足した医療事業も戦後の農協の経営不振問題の影響を直接受けることになり、厚生連も整備促進法の指定を受け、とくに診療所数は著しく減少した。このため会員厚生連も1951年には公的医療機関としての指定を受けるとともに、自立再建計画を樹立するなど社会医療の改革を強化したが、同時に当初の全国厚生文化農協連を全国厚生農協連に名称も変更したのである。

その後わが国は高度成長を遂げ60年代に入ると農協でも営農とともに生活が注目され、農村・農民の健康維持・改善が重視されるようになった。この取り組みを一段と促進したのが第12回全国農協大会（１９７０年）で決定された「生活基本構想」で、健康教育・健康管理活動の推進、農協医療施設の整備、農村医科大学の設置、農村医学研究の強化などに取り組むこととした。このうち農村医科大学は設置に至らなかったが、代わりに全国農村保健研修センターが設立され、農村で働く生活指導員、看護婦、保健婦などの研修を実施した。さらに第17回全国農協大会（１９８５年）では「農協生活活動基本方針」を決定し、改めて健康の維持・増進の重要性と健康管理活動の取り組み強化を提起した。現在の農協の医療事業にもこうした歴史が積み重ねられているのはいうまでもない。

2　農協医療事業の実態と公的医療機関としての特徴

現在における厚生連の医療事業体制をみると**表11－1**の通りで、厚生連数33、

表 11-1　厚生連病院の設置実態

厚生連数	病院数	診療所数	病床数		職員数（人）	
				内　精神		内　医師
33	108	65	33,905	1,899	54,019	4,858

（資料）「平成29度　厚生連事業の概要」（全国厚生農協連）
（注）厚生連数には県規模未満の厚生連２を含む。

病院数108、診療所数65、病床数33905（うち精神1899）、医師数4858人となっており、このほかへき地巡回診療車の運用、介護老人保健施設、訪問看護ステーションなども整備し、農村検診センターを併設する病院も多い。この実態を他の公的医療機関である日赤、済生会と比較したのが**表11―2**である。

表11―2でも明らかなように、厚生連病院には人口5万人未満の市町村における立地が42％を占め、しかもへき地での立地という特徴が指摘できる。それにもかかわらず健診実施対象人数は日赤、済生会の5～6倍となっており、厚生連病院は地域の医療・保健事業で重要な役割を果たしているのである。この厚生連の健診活動では女性部が大きな役割を果たしているが、これは他の公的医療機関にみられない農協医療事業の重要な特徴である。文化連でも「農協と病院の連携・協同」による医療・福祉・健康づくりによる安心して暮らせる地域づくりを四つの事業の一つとして重視しているのも、同じ趣旨であるのはいうまでもない。

なお、現在全国で無医地区が637、無歯科医地区が858あるが(2)、厚生連病院が立地している農村地域には無医村地区が多い。無医村対策は

表 11-2　日赤、済生会と比較した特徴

	厚生連	日赤	済生会
病院数	110	92	79
内人口5万人未満市町村	46	16	9
内へき地医療拠点病院	23	17	8
内災害拠点病院	44	65	28
健診実施対象人数	2,612,862	459,798	556,275

（資料）表 11-1 に同じ。

本来的には国の責任で実施すべきではあるが、現実的には農協の医療事業もそのため重要な役割を果たしているのである。

3　農協の健康管理対策の取り組み内容と課題

(1) 立地条件に応じた課題設定と予防対策の重視

病気は人間が誰しもかかるものである以上都市だけや農村だけに存在する病気はない。しかし農村という特殊な労働・生活環境によってみられる病気があるのは当然で、農協の健康管理対策でも日常生活のなかにみられる具体的な健康問題の解決が重要である。

若月俊一氏が農村という特殊な生活環境によってみられる病気を「農家病」、「農村病」、「農業病」の三つに区分して指摘し、その原因究明と対応を強調したのもそのためである(3)。これは住民をめぐる生活、労働、環境などの条件は地域により大きく異なっているが、日常の生活条件との関係でそれぞれに共通した課題を明らかにした対応が、健康管理対策で重要なことを意味している。

そして若月氏の指摘はとくに農村における病気の特徴を三つに区分して示したもので、農村の実態も大きく変化しているが、健康管理対策の推進では銘記すべきことである。

しかもここで強調したいことは、医療事業では治療のまえの予防が重要であると同時に、この予防活動の徹底が医療費負担の実質的な軽減にも寄与することである。佐久病院による八千穂村(現佐久穂町）の全村健康管理は、村民の健康状態や健康意識を改善する上での成果とともに国民健康保険の総医療費を減少することにもなったのである。この予防の徹底と医療費の減少は岩手県・沢内村（現西和賀町）の経験でも指摘されたことである。これは「予防は治療にまさる」ことを示しており、協同組合の医療活動でも健康管理活動の強化が強調されるのもそのためであるが、国の社会保障政策でも当然重視すべきことである。

（2）農業者・住民の健康意識向上対策と連携強化

農村においては自分の病気を明らかにしない「潜在疾病」（若月俊一氏）の実態がみられるが、しかし病気を放置すると治療のための医療費が増大するだけでなく、生命にもかかわる危険性がある。したがって農業者・住民が「自分の健康は自分で守るべきである」との認識を強め、「治療より予防」を徹底することが重要な課題である。厚生連が行っている健診活動をはじめとする多様な健康管理活動や、文化連が会員の役職員と専門職員の教育研修と機関紙を通じた情報提供を重視しているのもそのためである。

ただ近年、従来の「潜在疾病」とは異なり母子家庭などの低所得者には医療費負担を心配し受診を控えかえって病状が悪化する傾向もみられる。しかしもともと健康は個人の自助努力だけで維持・増進できるものではなく、個人の所得はもとより地域の医療施設や医師などの医療資源の存在状況にも大きく影響される。そしてこうした様々な要因により個人的にも地域的にも健康格差が拡大する傾向が強まっているが、農協・協同組合は自らの、医療事業への取り組み強化とともに、この医療資源と健康格差を改善する上でも国に対し医療・保健対策の制度的な充実を求めていく必要がある。

なお、地域における医療・保健事業の推進は必然的に住民との連携・協同を強め、近年農業と福祉との「農福連携」に取り組む農協もみられるが、佐久病院の経験からも各種の福祉施設を配置し、医療と連携した「病院を軸とした町づくり」は「町ぐるみの福祉の里づくり」となる可能性も指摘されている(4)。これは地域再生を考える場合、農協医療事業の新しい役割を示唆するもので、注目すべき意見である。

(3) 国の医療・保健対策と改善要求

社会保障制度改革国民会議の報告書（2013年8月）は社会保障制度の基本的な考え方として自助が基本で、公助は「自助・共助で対応できない場合に補完する仕組み」であるとした。そのうえで社会保障費の増加には国民負担の増加と同時に重点化・効率化を強調し、必要医療の「病院完結型」から「地域完結型」への変化、国民健康保険の保険者の都道府県への移管、高齢者支援負担金の全面的な総報酬割などを提起した。そしてその後決定した「経済財政運営の改革の基本方針2017」（2017年6月）では工程表を示し、これに沿った実行を強調している。

現在日本人の平均寿命が伸び、とくに高齢者の医療費を含めた社会保障費が増大しているが、ここで示されている政策はこの増大する医療費を基本的には個人負担と効率化で解決しようとするものである。前述したように「自分の健康は自分で守るべきである」という国民一人ひとりの意識は重要であるが、医療資源と健康格差の真の改善は本来的には国の政策なのはいうまでもない。とくに長時間労働や低賃金をはじめ格差社会の固定化などにより国民が心身両方の多様な健康不安を感じている現在、国には財政問題も含め医療・保健対策の制度的充実を図り、国民のこの不安に応えることが求められているのである。

4　医療福祉生協の取り組みと特徴

医療事業を行っている協同組合には他に医療福祉生協がある。この生協の特徴は憲法の規定が活きる社会を目指し、「組合員のくらし全体を視野に入れた『医・福・食・住』の切れ目ない事業」と「地域包括ケア」に取り組んでいることである。

その一例として名古屋市・緑区の南医療生協の取り組みがある(5)。この生協では人間ドックなどの保健予防活動、組合員の生活支援活動などを医師会・開業医や行政・町内会・NPOなどと連携して実施しているが、注目すべきことは「おたがいさま」や班づくり、住民会議（100人、1000人、10万人）を重視し、協同意識の向上に努力していることである。また医療生協かわち野では生協の正規職員や専門職だけでなく、多くの組合員によるボランティアの協力も得ながら「日曜ドック」を継続し、全職員による組合員に対する電話によるドック健診の呼び掛けも行っている(6)。

この両者に共通した職員・組合員が一体となった活動は組合員・地域住民の健康意識を高めるだけでなく、協同組合に対する理解を深めることにもなっている。これは医療事業を基本とした住民参加型の協同組合による地域づくりということができる。

この両医療生協とは違った側面からの取り組みもある。それは北海道・恵庭市のワーカーズコープの取り組みである。現在多くの人々が生きていくうえで様々な「困りごと」を抱えているが、この「困りごと」が人々をつなぎ協同労働と地域づくりを発展させているという。それは自分が抱えている「困りごと」を他の人に伝えるとそれを支えようとする人々が集まり、共感が生まれるからである(7)。自分の悩みを一人で抱え込んでいる人も多い現在、この取り組みは協同組合には「身体」だけでなく、「困りごと＝生きにくさ」など「心」にまで配慮した心身両面に対する健康管理対策が重要な課題であることを示しており、今後重視すべき課題である。

(注)

(1)「50年の歩み―全国厚生連50年史」(平成13年3月　全国厚生農業協同組合連合会)３２６ページの表。

(2)厚生労働省「平成26年度無医地区等調査及び無歯科医地区等調査結果」(平成28年3月)

（3）詳細については若月俊一著『農村の生活と健康』（協同組合経営研究所　1970年10月）を参照されたい。
（4）松島松翠『朝もやついて』（2016年9月　佐久総合病院）301ページ。
（5）2016年9月開催の文化連における大野京子氏の報告。
（6）稲光宏子『いのちの協同―医療生協かわち野の挑戦』（新日本出版社　2016年10月）
（7）JC総研第52回公開研究会における下村朋史氏の報告。

第12章　現在の日本の課題と協同組合の役割
―農協・農村を中心に

1　国政からみた最近の特徴と多数者改革の展望

（1）民主主義の危機と国民生活の停滞

協同組合による社会改革問題を検討するためにも、最初にわが国の国政運営の実態とその特徴についての検討が必要である。

2017年5月、規制改革推進会議は「第1次答申」を取りまとめたが、その後6月に閣議決定された「規制改革実施計画」はこの「第1次答申」を踏まえて実施することをわざわざ明記した。そして2017年の通常国会で成立した農業関係法はすべて規制改革推進会議の答申に沿ったものであったが、この間、食料・農業・農村政策審議会は一度も開催されず、参議院決算委員会では「各府省等の審議会等で審議が行われている場合は、これを十分把握して審議すべきである」ことを全会一致で決議するという前代未聞の事態もみられたのである。

このことは規制改革推進会議が中心で、法律で定められた審議機関や国会の民主的運営を蔑にした農業政策の推進が一層強化されていることを示しているが、重要なことは農業政策におけるこの対応は、最近における国政全体の運営実態を反映していることである。

それは2017年10月に行われた総選挙後の特別国会に端的に示されている。この特別国会で政府・与党は、野党の質問時間削減という議会制民主主義に反する政策を強行し、「森友・加計疑惑」についても野党が要求した証人喚問を拒否するなど、国民が要求する真相解明に応えていない。しかしその一方では総選挙により国民の信任を得たとして憲法改定などを強めているが、こうした民主主義の「岩盤破壊政策」の危険性を示す象徴が、その後明らかになった財務省による森友学園の国有地取引に関する決裁文書改ざん問題である。

わが国では非正規雇用者の増加と長時間労働および経済的・社会的格差拡大による多様な生活困難者が増大していることは既に述べた。それにもかかわらず政府は株価が上昇し「景気はいざなぎ景気を超えている」と述べているが、しかし企業業績は上昇しても国民の収入と消費は改善しておらず、農業でも企業本位の政策が強められ、土地・労働力の生産基盤は脆弱化し、生産額は停滞している。

このことを国政運営の実態と併せ考えると、わが国では政治と経済の両面での民主性の危機が同時に強まっているということができる。そのため協同組合としてもこの国政上の現状改革が課題となるのはいうまでもないが、こうした政策の背景には、既に農協・協同組合の再編政策でも指摘した「財界主導による企業論理の強化」と「アメリカからの強い要求」の二つの特徴があることである。したがって国政改革でもこの二つの民主的改革を戦略的課題と位置付けることが必要で、その一翼として農協・協同組合（人）による本来の協同組合に向けた取り組みでも、同じ認識が必要なのである。

（2）統一連帯の思想による多数者結集

もともと社会を改革し安定した政策を実施するには、少数の先覚者だけによる改革では不可能で、国民多数の参加が不可欠である。とくに現代の資本主義経済は業種が多様化し、グローバル化も進み社会も複雑化しているので、なおさらである。アリスメンディアリエタが「保守主義者も進歩主義者も、改革派も革命派も共存し補完し合う」取り組みを強調したのもそのためである。これは農協・協同組合についていえば、既に示した4つの理念に基づいた実践において、「全般的な社会変革」と結合した意識的な取り組みが求められていることである。とくに農協では産業組合の歴史を繰り返さないためにもこれは重要である。

この多様な組織を結集した多数者参加を進める上で指摘したいのは、従来ともすれば「革命派」と「改革派」は理念が異なるので、一致した行動は不可能との認識がみられたことである。しかし改革後の政策を安定して実施するには、こうした分断・排除ではなく、政治的立場や思想信条の違いを超えた統一連帯の思想が必要なのはいうまでもない。

これは「革命派」の象徴ともみられていたエンゲルスの意見からもいうことができる。エンゲルスは既に120年以上前に、「奇襲の時代…自覚した少数者が遂行した革命の時代は過ぎ去った」と述べていた(1)。そして「最後の勝敗を決めたバリケードによる市街戦も時代遅れ」として、「新しい武器」、「鋭い武器」の一つとして普通選挙権を重視し、「これまでの欺瞞の手段を解放の道具に変えた」と強調していた。マルクスもフランス革命におけるコミューンでの普通選挙権の意義について述べていたが、エンゲルスが具体的に示したこの意見は社会改革の手段として極めて重要な指摘であった。その後「革命派」とは「(暴力的)革命重視派」とみなされるようになっていたが、現在の諸情勢は改めてエンゲルスの当初の意見に基づいた取り組みの強化を求めているといえる。

またエンゲルスは、「社会組織の完全な改革は大衆自身がそれに参加し、彼ら自身何が問題になっているか、なんのために肉体と生命をささげて行動するかを理解していなければならない」とも述べていた。これは多数の参加者による「普通選挙による改革」を進める上でも、その参加者の政治的自覚が重要なことを示したものである。

これまで述べたエンゲルスの意見は、既に述べた協同組合による社会改革の4項目と理念的には共通しているが、これは自覚した多数者による改革こそが新しく実現した政権を真に維持存続できることを意味している。さらにこの意見は、多様な市民が政府の政策に反対し様々な行動に参加している現在のわが国でも、「選挙を通じた多数者による国政改革」の重要性と可能性を科学的に示したものとして注目すべき意見である。もちろんこれは労働者による階級闘争の消滅や否定を意味しないと同時に、選挙でも様々な不正が行われる危険性があるので、公正に行われるよう国民の監視と運動が不可欠なのはいうまでもない。

「資本主義の大海に飲み込まれた」とする意見もあるように、これまで協同組合は資本主義の補完的組織とみなされ批判もされてきた。それには理念と価値を唱えるだけで満足していた協同組合（人）自体にも責任があるのはいうまでもない。ただ、もともと協同組合は資本主義とともに発展してきた組織で、資本主義の改革を目指すとはいえその対立物である社会主義とは異なった理念の組織である。「政治的宗教的中立」が原則とされ、わが国の農協でも各政党に対する等距離等間隔が主張されるのもそのためで、協同組合（人）に対する批判もこうした特徴をどう考えるかにもその要因がある。

しかし資本主義の諸矛盾が深化し、思想・信条を超えた多数者参加による改革が求められている現在、生成発展の歴史と理念からみても、協同組合をその一翼と位置づけることが可能で、必要性も強まっているのである。

2　多数者改革への課題と協同組合の役割

（1）個人の政治的自覚と共存意識の向上

多数者による社会改革では、主権者である国民の意識の向上と自主性が重要なことはこれまで述べた通りである。しかし現代社会は丸山眞男氏も指摘するように、資本主義体制による人間の「原子化」、

「部分人化」が深化すると同時に、毎日マスメディアや政治権力による圧倒的に大量で高度で多様な手段による宣伝が行われているため、人間の自由と思想が狭められている(2)。また個人が分断されて孤立し、相互のコミュニケーションが欠如する傾向が強まり、政治的自覚の向上にも多くの困難がみられるのである。

さらにわが国では雇用形態の多様化などにより社会階層も多様化し、「自己責任論」の強調もあり、社会的地位や貧困などの現状を自分の責任と認識して格差の拡大・固定化を是認し、生存権など人権にかかわる格差すら自己責任と考える傾向が強まっている。これにはマスコミなども大きく影響しているが、格差が拡大・固定化する現在、他者との共存意識が弱まり、多数者結集による改革を困難にする状況が強まっている。

したがって民主的政治の健全性を維持・発展するためにはこの改革が必要であるが、そのためには自主的な組織（宗教団体、婦人団体、教育団体、各種組合など）の活動が重要な役割を果たすことに改めて注目したい(3)。こうした組織で活動することはお互いの信頼と共存意識を高め、統一連帯の思想による改革を促進することになるからである。

現在、このような組織に加入せず政治的にも無関心な層が増加しているが、国民の意識と自主性およびお互いの共存意識を高めるためにも、それぞれの組織がその理念に基づいた独自の活動を強化することが求められているのである。これは農協・協同組合については価値と原則に基づいた取り組みの強化を意味するのはいうまでもない。

(2) 農協の日本的特徴の重要性

国政革新上の課題である国民の政治的自覚と自主性の向上を考えた場合、わが国の農協には重要な特徴が指摘できる。それはすべての農業者が組合員でしかも全国の全地域に組織され、農業者・組合員のニーズだけでなく多様な地域住民にかかわる諸課題にも取り組んでいることである。これは西欧の協同組合にはみられない産業組合の発足にも直結した、わが国の農協・協同組合の風土的・歴史的な日本的特徴ということができる。このため産業組合や農協については行政組織化が指摘され、自民党との関係も含め「自主・自立」の協同組合原則からみて問題があり、批判される要因ともなってきた。

しかしこうした実態にあるとはいえ、見方を変えれば農協が本来の協同組合としての取り組みを強めれば、それが全国の全組合員・組織に影響を与え、地域改革の全国的な推進に寄与する可能性が強いということもできる。そのためにはとくに農協については、協同組合の価値と原則に基づいた活動の強化が不可欠で、現在進められている自己改革についてもこの理念の徹底が求められているのである。

こうした取り組みをすすめる上でとくに注目したいのは、近年の農業・農村の構造的変化による農業者と地域住民の動向である。周知のように、現在、従来の村落共同体による集落秩序が崩壊し、農協には作物別課題別の多様な組織があり、法人を含めた組織経営体がみられるなど農業生産の規模・組織が多様化している。この結果、農業者も集落規制から解放され、個人の意見をもち自主的な活動を強めるようになっている。

一方では混住化が進み農村でも介護、食料、教育、環境などやＮＰＯも含めた地域住民による自主的な組織が多く存在し、農業者をはじめ農村住民の政治的自覚を高める要因ともなっている。農協はいまもなお自民党支持で「自主・自立」原則に悖る実態がみられるとはいえ、この農業者と農業構造の変化および地域住民の多様化は、農協が本来の協同組合としての取り組みを進める上で、有利な条件が強まっていることを示すものである。

3　日本における協同組合の役割と重要性

(1)　協同組合の国内的・国際的特徴

周知のようにわが国では農協のほか漁協、森林組合をはじめ生協、医療福祉など多くの協同組合が存在する。そのうちの農協、漁協、森林組合、生協（日本生協連会員）の組合員数と事業高について示したのが**表12―1**で、４組織だけでも重複があるとはいえ組合員数は全人口の３分の１で、事業高も巨大企業に匹敵する水準である。

組合員数と事業高からみたこの実態は、わが国では協同組合が社会改革に果たす役割の重要性と有利性を示しているが、さらに強調したいことは協同組合は１５０年以上の長い歴史と共通の価値と原則をもった世界的な組織なことである。19世紀にイギリスやドイツで生まれた協同組合はその後全世界に広がり、現在では１０３カ国で２９８組織が国際協同組合同盟（ＩＣＡ）に加盟し、参加組合員は約10億人となっている。これは他の企業や組織にはみられない協同組合の重要な特徴で、日本国内での取り組みも世界と連帯した取り組みの一翼なのである。世界の多様な国・国民との連帯強化を目指すうえで、多国籍企業によるグローバル化の対抗軸としての協同組合の役割は極めて重要なのである。

(2) 国政における協同組合重視と共同活動の強化

わが国で協同組合が有利性を発揮し期待されている役割を果たすため最も必要なことは、国政の重要課題の一つとして位置づけた政府の責任ある協同組合政策の策定・実行である。そのため協同組合法制度の統一を図るとともに、ユネスコの無形文化遺産登録などにもみられるような世界的な動向に応じ、農協・協同組合の解体にも通ずる組織再編対策を転換することである。

表12-1　協同組合の組合員数と事業高

組織名	組合員数（正・准）（千人）	事　業　高（億円）		貯金残高（億円）	長期共済保有高（億円）
		販売高	購買高		
農　協	10,268	43,262	27,511	936,872	2,811,919
漁　協	305	10,281	1,969	8,072	25,631
森林組合	1,546	343	109	—	—
生　協	27,810	33,651		—	—

（注）農協、森林組合は 2015 年 3 月現在。漁協は 2014 年度、生協は 2015 年 4 月現在である。

その上で重要なことは各種協同組合がそれぞれ本来の活動を自主的自発的に強化すると同時に、相互の共同行動を発展させることである。こうした観点からみて、日本協同組合連絡協議会（ＪＪＣ）を改組し新しく日本協同組合連携機構（ＪＣＡ）が発足したことは、これまでほとんど国際協同組合デーだけとなっていた共同行動を強化することにもなるので今後注目していく必要がある。

いずれにしても現在、国が直面している諸課題を改革するためにも、協同組合の果たす役割は極めて重要である。したがって協同組合（人）もこのことを自覚し、主体性を発揮してその責務を果たすことが求められていることを強調したい。

(注)

（１）「マルクス『フランスにおける階級闘争、１８４８年から１８５０年まで』（１８９５年版）への序文」（全集　第7巻）５３２ページ。以下のエンゲルスの意見も同書による。

（２）丸山眞男著『政治の世界　他十篇』（２０１４年2月　岩波書店）58ページ。

（３）同上。１５２ページ。

補章　農協の職能的機能と准組合員問題

准組合員数が正組合員数を上回るようになり、農協の在り方が問われている。ここでは産業組合からの「職能組合」・「地域組合」問題の経過を辿りながら、こうした現状における農協の職能組合的機能の在り方について検討する。

1　産業組合法と中産以下の産業者問題

(1) 産業組合は職能組織と同時に地域組織

産業組合法は組合員の資格は定款で定めるとし（第9条）、本法では個人組合員については「出資1口以上を有する者」で最高限度が10口（第17条）とされているだけで、特別な規定がなく、農業者はもとより林業、工業、商業、水産業などを営むいわゆる中産以下の産業を営む者は誰でも組合員になることができた。その後、1917年には出資口数の最高限度が30口に引き上げられ、特別の場合は50口まで とされたが、基本は変更なく廃止まで継続された。

また、法人の組合員については当初規定がなかったが、1932年の法改正で「部落又はこれに準ずる区域」を地区とする農事実行組合が、簡易法人として養蚕実行組合とともに組合員になることができるようになった（第10条2および3）。

こうした経過からも明らかなように、産業組合法では出資金以外は組合員資格に関する特別な規定がないため、農業者、非農業者ともに組合員・会員になることができ、しかも権利についても職能による差別がなかったのである。ただ、当時の農村は農業者が住民の大半を占めていたので実質的には農業者の職能組合であったが、同時に地区の小規模事業者も組合員になることができたので、実態は地域組合でもあったといえる。

（2）二つの側面をもった要因

職能組合と地域組合の二つの側面をもった産業組合の特徴は、表からも明らかある。1917年における産業組合法の改正により、出資口数の限度引き上げだけでなく信用組合の貯金受け入れ対象も拡大されたが、それは時勢に応じ産業組合の機能発揮を促進するためであった。1926年には非組合員も利用組合の施設が利用できるようにし、1932年には農事実行組合を簡易法人として組合員化したが、この法改正の目的は農家が普く組合を利用できるようにするためであった(1)。この法改正により農村地域における産業組合の重要性が一層高まったのはいうまでもない。

では、産業組合が職能組合であると同時に地域組合という特徴を併せ持つように組織され、政策的にも強化された要因は何か。それは産業組合の設立目的とその特徴に求めることができる。いうまでもなく産業組合は、明治政府が世界の資本主義列強に伍して国力増進を目指し、当時国家経済の中心であった「中等以下の産業」の振興を図ることを目的に、国策に基づいて設立された。そのため当時の農村の中心的担い手である農業者はもとより、多様な業種の事業者を組合員にする必要があったからである。

これは1932年の法改正でも、政府は同年から実施された農山漁村経済更生計画を徹底するため、その実施組織とされた産業組合を支援した。これに応え産業組合も「5カ年計画」（第1次）を樹立し、未設置村や未加入農家解消などを図り

表　組合員問題中心にみた産業組合法の改正経過

改　正　年　次	主な改正内容	改正理由
1917年 （大・6年）7月	①信用組合が組合員の家族、公共団体、非営利法人・団体の貯金取り扱いをできるようにした。 ②組合員出資口数の最高限度を30口に引き上げた（特別の場合は50口）。	時勢の推移に伴い産業組合の機能発揮が必要であり、そのためには中産以下の小工業者に信用を基に低利資金を融資する必要があった。
1926年 （大・15年）3月	①非組合員の倉庫、精米麦機、脱穀機、乾燥機などの施設利用を認めた。 ②産業組合の住宅供給事業について地方税を免除した。	①利用組合も事実上の非組合員についても施設利用を図る必要があった。 ②住宅組合法との不均衡を是正した。
1932年 （昭・7年）8月	農事実行組合を簡易法人として組合員とした（養蚕実行組合も同様）。	産業組合の活動を促進するため農家が普く組合を利用できるようにした。

（資料）それぞれの帝国議会衆議院委員会議録を集約。

組織の拡大に取り組んだが、このため反産運動も起きたのは周知の通りである。

こうした産業組合の設立経過と組織形態は、自主的な運動として生成・発展した欧米資本主義国の協同組合とは異なった特徴であるが、それは同時に稲作中心の小規模で共同体的な特徴をもったわが国の農業と農村を反映した結果でもあった。

2　農業者を「当然会員」とした農業団体法

1943年に産業組合が農業団体法により農業会となったが、特徴の一つは市町村農業会の会員について規定を設け、農業者であることを明確にしたことである。農業団体法は会員については「農業を営む者」、「地区内に耕地、牧野又は原野を所有する者」（第14条）などと規定し、農業者（1反以上耕作者）は当然会員として強制加入とされた。これは産業組合法とは異なり法制度上職能的特徴を強めたことを意味する。

また、「地区内に住所を有し農業に密接な関連のある者」など（第15条）は任意加入とされたが、それには農業労働者、農具鍛冶屋、農産物の集荷・販売業者、炭焼きなど多様な農村在住の事業者が想定され(2)、また、地主も所有地のあるところでは数カ村でも会員になることができた。しかしこの任意会員は産業組合と同様に当然会員である農業者とは権利上何の差別もなかった。

なお農業会では産業組合とは異なり農事実行組合の加入は認められなかったが、法案審議ではこの点について、「農事実行組合が重要な機能を果たしている現状からみて、加入を認めないことは新農業団体の機能発揮を弱めるのではないか」という意見がだされた。しかしこれについては、農業者は当然加入となったので農事実行組合加入を認めると二重加入になること、特別な場合は員外利用の途を講ずればば支障はないこと(3)、さらに農事実行組合の加入は認めないが、貯金、貸付けその他の経済事業などは新農業団体の統制に服し協力するよう法律で規定しているので現状とは何ら変わりはないこと(4)、などが強調されていたのである。

このように農業団体法で農業者を当然会員として法律上規定したことは、農業会は産業組合より職能的特徴を強めたといえるが、本当の狙いはそれまで経済的理由などで産業組合に加入していなかった農業者すべてを法律に基づき強制的に加入させるためであった。しかも地域内の多様な小規模産業者も任意加入者となり、当然会員と権利上の差がなかったので、産業組合以上に地域的特徴を強めたということもできるのである。

こうした組織方針は農業団体法の目的からみて当然なことであった。いうまでもなく農業団体法は、「農業者団体の機能を統合整備し、全農業者一丸となって…戦力増強の基礎たる食糧の生産確保に全農業者の総力を結集し、…大東亜戦争の完遂に邁進」(5)することを目指すものであった。この結果、農山漁村経済更生計画以上に農業者と農村在住者を組織する必要があったのである。そして産業組合もこうした情勢に呼応し、「食糧増産の遂行」、「金融活動の強化」を目指し、「戦時産業組合態勢の強化」を決議したのである(6)。

つまり法律上の違いはあるが、農業会は農業者を中心に関係する事業者のすべてを会員とした、産業組合以上の「村総ぐるみ」の組織で、職能的特徴を徹底しながら地域的組織としての機能も一層強めたといえる。そして最後は、1945年7月の戦時農業団体令の制定により戦時農業団体が結成され、敗戦を迎えたのであった。

なお、農業団体法の制定に際し、産業組合中央金庫を農林中央金庫と改め森林組合関係の加入への途を開いた。また、新しく市街地信用組合法を制定し、それまで産業組合の法制下にあり農林、大蔵の両省共管となっていた市街地信用組合を大蔵省専管とし、都市地帯における中小商工業者および勤労市民の唯一の金融機関として発足したが、これらも戦時体制強化のための措置であった。

3　「非農民的勢力の支配」問題と農協

(1)　農民を正組合員とした農協

戦後農協の最大の課題はGHQの指令に示された、「非農民的勢力の支配を脱した」農民の自主的な協同組織として発足することであった。そのため農協法は組合員の資格を明記し、「みずから農業を営み、又は農業に従事する者」を第一に掲げて正組合員とした。さらに、新たに地区内に住所を有するが「施設を利用する」だけの住民を対象に准組合員制度を設けたが、理事の少なくとも四分の三は正組合員でなければならないとし議決権、選挙権も正組合員のみに与えるとした。なお、農民の家族については正組合員になることができ、1世帯からの複数組合員も「農業者の自由」であるとして容認されたが⑺、これも農民主体の農協を目指した政策の一つとみることもできる。

このように組合員資格を法律で明記し、しかも「農民」を重視したことでは農業団体法と同じであるが、その考えはまったく異なっていた。GHQ天然資源局の覚書（1947年1月）で「組合員資格を農業に直接従事する者に限定すること」や「民主的な代表制度の確立」などが明記されていたことにもよるが、農協法はそれにしたがったというだけでなく、農業団体が政府により統制され、戦争協力組織にもなったことを反省し、日本政府としても協同組合原則に基づいた農協設立を目指したからであった。これは農協法案審議で農業会との決別が強調され、農協設立も農業会のカンバン塗り替えや焼き直しであってはならないことが主張されたことからもいえることである。

(2) 農地改革および農村民主化と農協

こうして農協は「非農民的勢力の支配」を脱することを目指し組合員資格における農民重視を強めたが、一方では農民だけでなく農村に在住する多様な住民が農協を利用できる措置も法律で規定された。

その措置の一つとして、まず、准組合員制度と員外利用問題をあげることができる。准組合員制度はGHQ天然資源局覚書で、「農業生産に直接関与していない人々に准組合員資格を認めること」と提示されたことを契機に、農協法案の検討課題に具体的に登場するが、それとは別に日本政府にもともと組合員家族については員外利用という考えがあったのである。それが最終的にはGHQ覚書にしたがい准組合員には議決権、選挙権を認めず、員外利用には利用分量規制が設けられ、両者とも新しく法律で明記されたのである。

また、農事実行組合などの集落団体も名称は別として、「施設を利用することが相当する者」（第12条）は准組合員とされたほか、新たに出資組合とともに非出資組合制度が導入され、養蚕、畜産などの組合が対象とされた。

いうまでもなくGHQ覚書は農地改革についてのもので、農協設立もその一環で、法案審議では農民の自主的な協同組合設立は農地改革と並んだ農業および農村の基本政策であることが強調された。そのため農協設立の目的の一つに「農業生産事業の強化」が示され、土地開発、水利の管理、農作業の協同化、農村工業の発展などが重要課題とされたが(8)、これは当時にあっても地域の農業生産と地域経済の維持は農民だけでは不可能で、農村住民多数の農協への結集が必要だったのである。農協設立において准組合員と員外利用の二つが導入されたのは、「農村協同組合的にはどうしても必要だろうということが議論」(9)（傍点筆者）になったからであったことは、こうした事情を示していた。

以上から明らかなように、「非農民的勢力の支配」を脱するため農民を正組合員としながらも、可能な限り地域に在住する農民以外の多様な事業者や住民を農協利用者とすることを目指した准組合員や員外利用などの措置は、農協も職能組合としての徹底を目指しながら、一面では地域組合としての特徴も併せもって出発したといえるのである。

4　農協の二つの機能と課題

(1)問題の所在

これまでの検討から、わが国では産業組合から農業会となり制度的には農業者中心の職能組合としての特徴が強化され、戦後の農協では「非農民的勢力の支配」を脱するためそれが一層徹底されたことが明らかになった。しかし、一面では農業をはじめとする地域の産業振興に果たす役割も重視され、実際上では「職能組合」と「地域組合」の二つの機能が同時並行的に追求されてきたといえる。農協も制度的には農民の組織であるとされながら、実際上はこの二つの機能の統一的組織体として矛盾なく認識されていた。

それが70年代に入り変化することになる。高度経済成長により農民の兼業化が促進されると同時に農村の混住化が深化し、地域経済における農業の地位が相対的に低下した。農村においても農民が「少数者」となり管内地域住民の多様化も進んだ結果、これまで農協が統一的に果たしてきた「職能組合」と「地域組合」の二つの機能に矛盾がみられるようになった。とくに、農協が「職能組合」として展開する農政運動は、政府と一体となって与党の政治基盤強化を図るものとして、地域住民からの批判を強めることにもなった。

こうした状況変化に伴い、歴史的経過はもとより法制度上も准組合員制度や員外利用を認めていることを理由に、農協は「職能組合」ではなく「地域組合」であるとする、いわゆる地域組合論が主張されるようになった。そしてこれを契機に農協は「職能組合」か「地域組合」かをめぐって意見がだされるようになったのである。

以上の経過からみてこの「職能組合」か「地域組合」かの問題には、産業組合から農業会、農協に至る協同組合・農業団体が国策に基づいて設立されたことと同時に、その背景としてわが国の稲作主体の小規模な農業生産と共同体的な農村集落の実態があったことを指摘したい。この二つは国際的にみてもわが国の協同組合・農業団体の大きな特徴で、したがってその二面性もそこに原因があるということができる。

（2）本来の協同組合としての二つの機能

これまで述べた二つの機能を共益性と公益性の問題といいかえると、両者を同時に追求することは、ある意味では協同組合として当然なことであり、とくに現在、世界の協同組合では共通した課題として強調されていることである。協同組合の原則と価値に基づいた民主的運営や事業の追求など組合固有の問題や地域課題だけでなく、最近では経済格差、飢餓、貧困、環境保全、平和などが共通課題として重視されるようになっている。レイドロウ報告で「協同組合地域社会建設」などが提示され、協同組合原則の一つに「コミュニティへの関心」が加えられたのもその現れである。

このような最近の動向からいえば、これまで述べた二つの機能は協同組合として本来同時に追求すべき課題であり、「職能組合」か「地域組合」かの神学的な論争の起こりえない問題なのである。それにもかかわらず、とくに1970年代以降これがわが国で問題となったのは、高度経済成長により農業・農村が大きく変化し、農協発足時に期待されていた機能に矛盾がみられるようになったからである。つまり本来の協同組合としての機能と農協が実際に果たしている機能との矛盾が顕在化したからであるが、それを克服する途は農協が協同組合の価値と原則に基づいた取り組みを徹底することなのである。

現在、農業・農村は崩壊の危機に瀕しているが、最も重要なことは本来の協同組合として農協はその再生の責務を負っているとの認識である。農業の発展とともに地域に協同組合の有利性を発揮した新たな産業を興し雇用創出を図ることや農業の多面的機能の発揮による環境保全など、農協には多様な取り組みが期待されているのである。こうした取り組みには地域住民の多数者結集が不可欠で、そのためには正組合員と准組合員の権利の平等化や員外利用規制の改善などを検討すべき時期にあり、すでに多くの貴重な取り組みも行われるようになっている(10)。

ただこうした組織、事業、運営の改革改善は本来的には農協が自主的・自立的に行うべきことなのはいうまでもない。そのためには協同組合政策を国の基本政策の一つとして位置づけることが不可欠で国の政策は重要であるが、行政指導に名を借りた協同組合原則にも反する政府の支配・介入は行うべきでないのはいうまでもないことである。

(注)

(1)第63回帝国議会における後藤国務大臣の提案理由説明。
(2)第81回帝国議会における重政政府委員の説明。
(3)(2) に同じ。石黒政府委員の説明。
(4)(2) に同じ。なお、二重加入問題については翌日の委員会で重正政府委員も強調している。
(5)(2) に同じ。井野国務大臣の提案理由説明。
(6)これは第37回全国産業組合大会決議であるが、同様趣旨の決議は日中戦争開始以降多くみられるようになっていた。
(7)第1回衆議院農林水産委員会における山際政府委員の答弁。『農業協同組合発達史4』107ページ。
(8)同。95ページ。
(9)小倉武一、内越顕太郎監修「農協法の成立過程」(協同組合経営研究所 2008年3月) 667ページ。
(10)こうした活動の一例として神奈川県・秦野市農協の取り組みがある。この農協は正組合員1万1088

人のうち准組合員が７９８４人を占めているが（２０１０年2月末現在）、総会には正組合員１０８９人に対し准組合員も７９５人が出席した。これは組合員になるときはまず正・准区別なく集落内の生産組合に加入申込書を提出すること、新規加入の准組合員対象に組合員基礎講座を開いていること、組合員向けと同時に広く地域向けにコミュニティ版の広報誌を配付するなど、正・准をあまり区別することなく地域住民全体を対象とした活動を行っている結果である。（「農業と経済」２０１１年7・8月）

【著者略歴】

北出 俊昭［きたで　としあき］

1934（昭和 9）年　石川県生まれ

1957（昭和 32）年 3 月　　京都大学農学部卒業

1957（昭和 32）年 4 月　　全国農業協同組合中央会入会

1983（昭和 58）年 3 月　　同上退職

1983（昭和 58）年 4 月　　石川県農業短期大学　教授就任

1986（昭和 61）年 3 月　　同上退職

1986（昭和 61）年 4 月　　明治大学農学部　教授就任

2005（平成 17）年 3 月　　同上退職

農学博士

〔近著〕（農協・協同組合関係）

『協同組合本来の農協へ』（筑波書房ブックレット、2006 年）

『変革期における農協と協同組合の価値』（筑波書房ブックレット

2010 年）

『協同組合と社会改革』（筑波書房　2012 年）

『農協は協同組合である』（筑波書房　2014 年）

現代社会と協同組合に関する 12 章

2018 年 6 月 14 日　第 1 版第 1 刷発行

著　者◆北出 俊昭

発行人◆鶴見 治彦

発行所◆筑波書房

東京都新宿区神楽坂 2-19 銀鈴会館 〒162-0825

☎ 03-3267-8599

郵便振替 00150-3-39715

http://www.tsukuba-shobo.co.jp

定価はカバーに表示してあります。

印刷・製本 = 中央精版印刷株式会社

ISBN978-4-8119-0539-6　C0033